"一带一路"背景下亚洲五国的大学汉语教学现状研究

葛 婧 等 著

RESEARCH ON THE CURRENT SITUATION OF
UNIVERSITY CHINESE LANGUAGE TEACHING IN
FIVE ASIAN COUNTRIES UNDER
THE "BELT AND ROAD" INITIATIVE

ZHEJIANG UNIVERSITY PRESS
浙江大学出版社
·杭州·

图书在版编目(CIP)数据

"一带一路"背景下亚洲五国的大学汉语教学现状研
究/葛婧等著. —杭州:浙江大学出版社,2024.4
ISBN 978-7-308-23065-0

Ⅰ.①一… Ⅱ.①葛… Ⅲ.①汉语－对外汉语教学－
教学研究－亚洲 Ⅳ.①H195.3

中国版本图书馆 CIP 数据核字(2022)第 172660 号

"一带一路"背景下亚洲五国的大学汉语教学现状研究
葛　婧 等 著

责任编辑	张凌静	
责任校对	殷晓彤	
封面设计	周　灵	
出版发行	浙江大学出版社	
	(杭州市天目山路 148 号　邮政编码 310007)	
	(网址:http://www.zjupress.com)	
排　　版	杭州星云光电图文制作有限公司	
印　　刷	广东虎彩云印刷有限公司绍兴分公司	
开　　本	710mm×1000mm　1/16	
印　　张	12.5	
字　　数	212 千	
版 印 次	2024 年 4 月第 1 版　2024 年 4 月第 1 次印刷	
书　　号	ISBN 978-7-308-23065-0	
定　　价	65.00 元	

序

我在日本从事汉语教学已有三十余年。这三十多年来我一直在关注中国国内的"对外汉语教学"与我们在国外进行的"在外汉语教学"两者之间的异和同。需要注意的是,"对外汉语教学"与"在外汉语教学"虽然只差一个字,但其实质内容有诸多不同:"对外汉语教学"是在汉语环境下,由汉语母语者教师教授外国留学生汉语;而"在外汉语教学"是在非汉语环境下,由本地非汉语母语者教师主要使用本地出版的教材来教授本地学生汉语。虽然都是"汉语教学",但在前者的条件下,对学习者而言,汉语是第二语言;而在后者的条件下,汉语则是一门外语。

众所周知,"对外汉语教学"经历了"汉语国际教育"等名称的变更,最终在 2019 年底于湖南长沙召开的国际中文教育大会上,被正式定义为"国际中文教育"。这几个名称的变迁恰好代表着有关概念上的转变,即"国际中文教育"不仅是指在中国国内实施的中文教育,还要包括在国际上非汉语地区广泛进行的中文教育,即"在外中文教育"。

北方工业大学文法学院葛婧副教授及她的课题组团队编写了《"一带一路"背景下亚洲五国的大学汉语教学现状研究》,这本书为中国国内外从事中文教育的同行们提供了有关"在外中文教育"方面诸多宝贵的第一手信息。该书全面且系统地介绍了"一带一路"共建国家中亚洲主要国家的大学汉语教学现状,阐述了日本、韩国、蒙古、越南与缅甸等五个国家汉语教学的详情,包括每个国家五所具有代表性的大学的汉语课堂设计、教学方法、教材选用等方面的详细情况,对其师资队伍的分析及针对这些国家一线教师所做的访谈记录,最后还为中国国内国别化中文教育的健康发展提出了富有建设性的意见。全书既有微观的调查结果,也有宏观的多维度考查,可以说是一本内容非常丰富的佳作。

通读这本书,我也重新认识到了我们日本其他学校的现状,以及韩国与越南等汉字文化圈所进行的中文教育的具体情况,还了解到亚洲其他地区,如蒙古与缅甸等国家中文教育的特色与课题。正所谓"知己知彼,百战不殆",其他在外地区的中文教育情况可以给我们提供诸多值得借鉴的经验。

毋庸赘言,"在外中文教育"是国际中文教育的重要组成部分。在未来,中文是否能成为真正意义上的国际语言,取决于非中文地区中文教育的普及与发展。"在外中文教育"不仅仅是其中必不可少的一大前提,其发展的广度与深度,也决定了中文如何走向国际,中国如何走向世界。朱德熙先生曾在《语法答问》一书中开篇就指出:"特点因比较而显,没有比较就没有特点。"通过与非中文地区中文教育对比,也可以对"对外汉语教学"及国际中文教育的形式和内容进行相对化思考。因此,中国国内中文教育界的同仁也有必要关注在国外各个地区中文教育的特色和具体情况。

为了实现汉语走向世界的共同目标,让我们一起携手并肩,共同进步!

大阪大学教授、世界汉语教学学会副会长　古川裕
2023 年立春于大阪大学外国学图书馆

前　言

　　"一带一路"倡议,从最初构想到实实在在的各项政策落地,至今已取得了很大成就。习近平主席 2022 年 5 月 31 日同阿联酋总统穆罕默德通电话时特别强调:"双方还要密切人文交流,促进民心相通。"国际中文教育是密切人文交流,实现"一带一路"中"民心相通"的重要桥梁,"'一带一路'需要语言铺路"(李宇明,2015)。亚洲在"一带一路"倡议中占有重要地位,若能在亚洲国家顺利推行国际中文教育,摸清实现"民心相通"的方法,成为"互联互通"的区域典范,将会为顺利推进"一带一路"倡议铺平道路,并进一步为汉语走向世界,为世界更好地理解中国奠定良好基础。

　　本书系全国教育科学规划课题"十二五"规划 2015 年度国家青年课题"'一带一路'沿线亚洲主要国家的大学汉语教育现状与我国的对外汉语教育发展策略研究"的研究成果。本书由课题组成员郭圣琳、殷凌薇、娄开阳、安娜尔、相原里美、李继征、吴氏慧合作完成。全书以东北亚日本、韩国、蒙古和东南亚越南、缅甸这五国的大学汉语教学为研究对象,在每个国家选定五所具有代表性的大学,对其汉语课程的设置、师资情况、教学方法、教材选用等方面进行详细调研,微观了解这些大学的汉语教学情况,并结合对这些国家一线大学教师进行的问卷调查及个人访谈,多维度考察这五个国家的大学汉语教学情况;同时,分析这五个国家大学汉语教学的优点和不足,明确其大学汉语教学未来的发展方向,总结对我国今后在该区域性乃至全球国际中文教育发展布局中可学习的经验以及可规避的教训;最后,了解这些国家的汉语本体与汉语教学研究现状,为国内汉语与汉语教学研究提供有益的补充,并为我国学者提供新的研究视角及思路。

　　本书共有七章。第一章为绪论,介绍本书的研究背景、研究内容和方法以及研究目的与意义。第二~四章分别介绍东北亚日本、韩国、蒙古三国的大学汉语教学情况。第五、六章分别介绍东南亚越南、缅甸两国的大学汉语教学情况。每一章均包含大学汉语教学现状调查(基于本书实施的调查结果分析)、师资队伍分析、课程设置分析、教学方法分析、教材分析、特点与启示。第七章为本书的结论部分,对比总结了五个国家大学汉语教学的特点、存在的共性问题和个性问题,并对今后国别化国际中文教育的发展提出了自己的策略与建议。全书由葛婧负责整体策划与分工及统稿。各章具体分工如下。

第一章　葛　婧

第二章　葛　婧、相原里美(日本)

第三章　殷凌薇、李继征(韩国)

第四章　安娜尔、葛　婧、达胡白乙拉

第五章　葛　婧、吴氏惠(越南)

第六章　郭圣琳、娄开阳

第七章　葛　婧

感谢北方工业大学日语系聂中华教授。聂教授自本课题申请之初就提出了许多非常有价值的意见和建议,并在研究过程中时时督促、鼓励我,所给予的支持与帮助令课题组全体同仁感动!感谢北京大学杨德峰教授、北京语言大学郭鹏教授等人在课题开题答辩时所给予的方向性指导与中肯的修改意见!感谢北京大学陆俭明先生,北京语言大学崔希亮教授、张宝林教授,中国传媒大学赵雪教授在中期答辩时对本课题研究予以宏观领航与细节指导。感谢我的师兄、中央民族大学娄开阳老师为本课题作出贡献,他在积极参与课题研究的同时提出了很多宏观的建设性意见。最后,特别感谢我的恩师日本大阪大学古川裕教授为本课题顺利完成所提供的无私帮助与大力支持!古川老师不仅为课题组推荐、引荐了多位国际中文教学界的顶级专家学者,而且为课题组赴日调研提供了全力帮助,请允许我代表课题组再次对恩师致以诚挚的谢意!

限于调研时的客观条件及本书作者的水平学养,本书在数据获取与思考分析方面尚存诸多不足,敬请各位专家、同行与读者不吝赐教。此外,由于自课题开始至本书出版,历时较长,本书的调查数据不免会与各国汉语教学的现状略有出入,也期待同行们可以在本书的基础上做进一步的补充、完善与深入研究。

葛　婧　谨识

2023 年 5 月于北京

目　录

第一章　绪　论

第一节　研究缘起

自 2013 年"一带一路"构想提出后,国内外对于"一带一路"倡议的关注度持续上升。"一带一路"以"和平合作、开放包容、互学互鉴、互利共赢"为基本内涵,是中国在新时代提出的理念和倡议。"一带一路"要做到"五通",即政策沟通、设施联通、贸易畅通、资金融通、民心相通。"五通"之中,民心相通看似最"软",但要把"一带一路"建设为人类命运共同体,实现利益互惠,责任共担,民心相通更为根本(李宇明,2015)。"国之交在于民相亲,民相亲在于心相通。"但互联网大数据分析显示,2013—2017 年国内媒体对"一带一路"设施联通与贸易畅通两个方面关注较多,占比超过 50%,民心相通方面仅占 17%(国家信息中心,2017:113)。而 2018 年,设施联通与贸易畅通的关注度下降至 29%,对于民心相通的关注度则提升至 23%(国家信息中心,2018)。可见我国媒体已逐渐认识到"民心相通"对于"一带一路"倡议得以顺利推进的意义。语言互通又是实现"民心相通"的基础和保障。实现"五通",当然需要语言互通,"一带一路"建设需要语言铺路(李宇明,2015)。

《"一带一路"大数据报告(2017)》明确指出,需要"统筹推进汉语在沿线各国的推广应用,将汉语确定为'一带一路'建设的通用语言之一,确保汉语在'一带一路'关键领域、重大项目和重大工程相关文本和国际会议中的主导地位和作用"。随着"一带一路"倡议的不断推进,需要深度了解两国文化、风土人情,能熟练掌握两国语言、顺畅进行跨文化交际的"双通人才",而"这种人才的培养周期更长,需要早做顶层设计和规划"(周庆生,2018)。

截至 2021 年底,全球已有 76 个国家将中文纳入国民教育体系[①],有 20 个"一带一路"沿线国家已将汉语教学纳入了国民教育体系[②]。李宝贵和庄瑶瑶(2020)通过搜集汉办官网和国内各主流媒体的新闻报道,整理出已经纳入和明确表示即将把汉语纳入本国国民教育体系的 64 个国家,其中亚洲 19 个、非洲 13 个、欧洲 23 个、美洲 7 个、大洋洲 2 个。25 个国家为"一带一路"沿线国家,占整体的 39.1%。而在这 25 个将汉语纳入国民教育体系的"一带一路"沿线国家中,亚洲国家就有 18 个(东南亚 7 个、中亚 2 个、西亚 6 个、东北亚 1 个、南亚 2 个),占比为 72%。全球 170 多个国家(地区)开设汉语课或者汉语专业,汉语学习人数超过 1 亿人。日本、韩国、泰国、印尼、蒙古、澳大利亚、新西兰等国的汉语均上升为第二外语(国家语言文字工作委员会,2017:116)。越来越多的国家将汉语纳入国民教育体系,汉语在其他国家地位的上升,有利于提高海外汉语的普及水平及教学质量。随着中国与各国经贸合作的加深,"汉语热"带来的影响已扩展到各个领域。国务院副总理、孔子学院总部理事会主席孙春兰在第十三届孔子学院大会的开幕致辞上指出"(孔子学院)要实施'汉语+'项目,因地制宜开设技能、商务、中医等特色课程,建立务实合作支撑平台"。各国"汉语+职业教育"已步入发展快车道,如何让"汉语+"项目更好地满足各国民众的需求,考验着国际中文教育教师素质、教材质量、教学水平的提升[②]。

胡范铸等(2014)认为,汉语国际教育在本质上是一种基于语言能力训练而开展的"国际理解教育",是一种可以影响"情感地缘政治"的过程,它应该是造就国际社会情感沟通的重要力量。汉语国际教育的根本目标或最高目标应该是"中外社会互动",是促进目的语社会(中国社会)与学习者母语社会的"社会互动"。汉语国际教育是实现"一带一路"中"民心相通"的重要桥梁,"一带一路"沿线主要国家学习汉语、了解中国社会和中华文化的需求在不断升温,要更好地推动汉语走向世界,需要分别研究不同国家的汉语教学及汉语研究现状,了解各国汉语教学中好的经验及存在的问题。这将有

---

① 中华人民共和国教育部网站新闻:"教育部:76 个国家将中文纳入国民教育体系",2022 年 6 月 28 日。http://www.moe.gov.cn/fbh/live/2022/54618/mtbd/202206/t20220628_641460.html。

② 中华人民共和国中央政府网站新闻:"孔子学院助推'一带一路'建设大有可为",2016 年 12 月 11 日。http://www.gov.cn/xinwen/2016-12/11/content_5146611.htm。

助于我国更有针对性地推进国别化汉语教育发展,为汉语及中国文化的国际传播提供参考。

第二节 研究对象与研究目的

一、研究对象

亚洲在"一带一路"倡议中占有重要地位,如能在亚洲国家践行好国际中文教育,摸清实现"民心相通"的方法,成为"互联互通"的区域典范,将会为"一带一路"倡议的顺利推进铺平道路,并进一步为汉语走向世界,为世界更好地理解中国话语打下基础。张治国(2016)主张把"一带一路"分为 6 个核心区:中亚核心区、东北亚①核心区、东南亚核心区、南亚核心区、泛西亚核心区和欧洲核心区(共 39 个国家),亚洲国家在"一带一路"建设中居于重要地位。其中,东北亚核心区包括日本、韩国、朝鲜、蒙古、俄罗斯②5 个国家,东南亚核心区包括缅甸、老挝、越南、泰国、柬埔寨、菲律宾、马来西亚、文莱、新加坡和印度尼西亚 10 个国家,这 15 个国家中有 12 个国家与我国毗邻而居。东北亚核心区的 5 个邻国,"尽管目前因诸多原因发展滞后③,但其重要性和潜力都很大"。在 2018 年"一带一路"国别合作度国家排名中,东北亚的俄罗斯、韩国、蒙古分列第 1、4 和 11 位;排名前十位的国家中有 6 个东南亚国家(越南第 5 位、泰国第 6 位、马来西亚第 7 位、新加坡第 8 位、印度尼西亚第 9 位、柬埔寨第 10 位)④,由此可见东北亚和东南亚国家在"一带一路"倡议中参与度极高。

由于地缘因素及历史渊源,东北亚核心区和东南亚核心区国家对中华文化的理解和汉语教学的经验亦具有示范性和特殊性。日文假名、韩国谚文、越南字喃皆源于汉字。东南亚国家有大量的华人华侨,汉语在这些地区的影响力都是传统形成的,属于汉语的"传统影响区"(李宇明,2014)。深入

---

① "东亚"与"东北亚"属于同一个地域概念,文献(张治国,2016)中使用"东亚",本书统一使用"东北亚"。
② 俄罗斯远东和西伯利亚部分。
③ 文献(张治国,2016)中所说"发展滞后"是指参与"一带一路"倡议发展滞后。
④ 国家信息中心:《"一带一路"大数据报告(2018)》,商务印书馆,2018,第 29 页。

了解东北亚、东南亚国家的大学汉语教学及研究发展现状,把握汉语人才需求,了解"传统影响区"如何传承发展优势,对于我国全面提升国际中文教育的国别化策略有重要的参考价值。

(一)东北亚核心区

从 20 世纪 70 年代中期开始,"东北亚"这个概念开始作为独立的国际政治关系区域被使用(黄定天,1999),"东北亚的汉语教学也是全球最活跃的地区之一"(曹秀玲,2008)。东北亚核心区五国均为我国的邻国,其中日本、韩国、朝鲜同属汉字文化圈,韩国、朝鲜、蒙古与我国拥有跨境语言。虽然同是邻国,但东北亚各国的大学汉语教学发展水平差异较大。日本、韩国[①]、俄罗斯的汉语教学历史悠久,拥有较高的教学及研究水平。有多所大学开设了中文系或汉语专业,其中日本 28 所[②](2020 年数据)、韩国 126 所[③](2019 年数据)。

自唐朝起日本便开始了与中国的文化交流,是世界上除中国以外唯一一个在官方语言中使用汉字的国家。日本自明治维新起开始汉语教学,历史悠久。汉语教育规模大,开设汉语课程的大学共有 624 所,每年约有 16 万大学生选修汉语(郭春贵,2014)。大学的汉语教学专业程度高、课程涉及面广,每年出版的本土汉语教材数量在除中国以外的其他国家中居于首位。

朝鲜半岛自古就使用汉字,历史上曾经直接使用汉字作为国家的公用文字,"公元前后,朝鲜运用汉文的水平已经相当高了"(金基石,2005)。二战后朝鲜半岛被划分为南北两部分,汉字也一度被禁止在政府公文中使用。1999 年,韩国政府宣布在政府公文和交通标志等领域全面恢复使用中国汉字和汉字标记。韩国的汉语教学历史悠久,早在高丽时代光宗 9 年(公元 985 年)便已初具雏形,现在几乎所有的大学均开设了汉语课程。这些历史因素决定了日本和韩国对于中国传统文化及汉语典籍的接受度颇高,日韩两国大学开设了较多汉语古籍的教学课程,并对汉语研究有着浓厚兴趣。韩国与中国拥有跨境语言,我国朝鲜族和韩国人可基本实现无障碍交流。

中蒙两国山水相连,生活在中国内蒙古的蒙古族与蒙古国民语言相通。

---

① 由于政治原因,对朝鲜汉语教学的研究基本都是古代汉语的教学研究,现代汉语的教学现状无法深入调查。因此,本书不将朝鲜列为详细考察对象。
② 笔者 2020 年查阅日本各大学官网得出的数据。
③ 2019 年韩国职业能力开发院的统计资料。网址为 http://www.krivet.re.kr/。

蒙古的汉语教学始于 1957 年,但由于政治问题,汉语教学几度停顿,直至 80 年代恢复正常。目前在蒙古大专院校学习汉语的学生总数仅为 3600 多人。蒙古的大学汉语教育规模还比较小,且基本集中在首都乌兰巴托市。蒙古共有 20 多所大学开设中文系,其中国立大学 5 所。

俄罗斯的汉语教学自苏联时期便已开始。汉语专业在俄罗斯一直具有强烈的吸引力,"莫斯科大学亚非学院 10 多个语种中,第一或第二志愿报考汉语的学生占全部考试人员的 40％左右,远远超过日语和阿拉伯语"(曹秀玲,2008)。俄罗斯的汉学研究成果也相当丰富。"俄罗斯每年出版研究中国的专著 70 多部。俄罗斯汉学家分布在从莫斯科、圣彼得堡到伯力和符拉迪沃斯托克(海参崴)的近 40 家科学中心。"(阎国栋,2006)

(二)东南亚核心区

东南亚 10 国中除文莱以外,其他 9 国均有大学开设中文系或汉语专业,其中缅甸 3 所、菲律宾 13 所、柬埔寨 3 所、老挝 3 所、泰国 55 所、新加坡 4 所、越南 32 所、印度尼西亚 6 所、马来西亚 7 所。大部分大学都开设了汉语课程,汉语课程分必修课和选修课。在汉语教学发展好的国家,大学还根据各自不同的培养目标,设置内容侧重点不同的汉语课程。东南亚各国大学的汉语课程总体来说种类丰富。大学中文系还为其他专业学生开设汉语课。

东南亚大多数国家关于中国及华文教育的政策对汉语在东南亚地区传播的影响呈现出相似的历史轨迹,吴应辉和何洪霞(2016)称之为"波段共振性"。20 世纪以来,东南亚多国经历了二战前西方殖民主义统治时期和二战后民族主义觉醒时期。西方殖民主义统治时期,语言政策宽松,华文教育在各国得到了自由、快速的发展。二战后东南亚各国逐渐摆脱殖民统治,国家独立后民族主义觉醒,具有排他性,各国政府收紧语言政策,打压外国语言,华文教育受到牵连遭受压制,发展停滞。

20 世纪 80 年代以后,中国改革开放步伐加快,社会经济快速发展。与此同时,东南亚各国也大多实行务实的外交政策,与中国的双边和多边关系在求同存异中取得了较好发展,各国汉语教学政策也随之得到调整。尤其是 80 年代末以来,各国陆续推出有利于汉语教学的政策(吴应辉等,2016)。

进入 21 世纪以来,中国综合国力的明显提升、汉语国际化的大力推广、"一带一路"倡议的全面实施,大大加速了东南亚各国汉语教学的发展,各国掀起了"汉语热"。在东南亚 11 个国家中,新加坡、马来西亚、泰国、越南、印度尼西亚、菲律宾、老挝等 7 个国家已将中文纳入国民教育体系(李宝贵等,2022)。

虽然东南亚各国汉语教学的主体仍是各国的华文学校,和大学的汉语教学相比而言,中小学华文教育根基更深、规模更大、人数更多。由于汉语国际传播力度不断加大,中国和东南亚各国经济往来、人文往来加深,东南亚各国的大学汉语教学发展迅猛。不仅仅是华人华侨热衷于华文的学习,本地人学习汉语的热情也日益高涨,汉语成为东南亚许多国家的热门第二外语,因此大学的汉语系本土学生比例呈上升趋势。吴应辉等(2016)指出,20 世纪汉语在东南亚传播的性质主要体现为华人内部的华文教育,但进入21 世纪以来已逐渐转变为华人内部的"华文教育"与面向非华人的"汉语作为外语或第二语言教学"并存,部分国家面向非华人的"汉语作为外语或第二语言教学"甚至已经成为主流。

研究东北亚及东南亚国家的汉语教学现状,对于掌握海外汉语教学的发展规律,调整教学方式、教学资源布局具有不可或缺的参考价值。而在这些国家中,东北亚的日本、韩国、蒙古,东南亚的越南、缅甸又有着独特的研究意义。

日、韩两国同属汉字文化圈,日本是除中国以外唯一一个官方语言使用汉字的国家,这两国无论是汉语教学水平还是汉语研究水平在世界范围内均处于领先地位①。日、韩两国汉语教学发展的优势是如何取得的,其经验对在其他国家推进汉语教学的发展有何帮助?蒙古、韩国均与我国拥有跨境语言,与我国的蒙古族和朝鲜族人民之间可实现无障碍语言交流,而这两个国家的汉语教学的发展水平却又差别巨大,这是由什么原因造成的?

越南与中国有着深厚的历史渊源,亦属于汉字文化圈,历史上曾一度使用汉字作为官方文字。由于近几年越南与中国双边贸易快速发展,越南学生学习汉语的热情高涨,学生规模也不断扩大。越南的汉语教学历史悠久,水平较高,培养出的汉语人才都具有较强的口语实践能力且发音标准。越南是如何开展汉语教学的,为何汉语专业的毕业生都可以说一口流利的汉语?缅甸与我国云南省接壤,其地理位置对中国发展的作用不可小觑。缅甸气候适宜,自然资源丰富,有十分丰富的水力资源,且未能充分开发,中缅

---

① 据笔者统计,日本 2015—2019 年这 5 年共发表汉语相关研究期刊论文 1500 余篇,韩国 2017—2019 年这 3 年共发表汉语相关研究期刊论文 1600 余篇。

双方合作的前景很广阔。随着中缅经济交流日益增多,大量中资公司(包括台资和港资)进入缅甸,对汉语人才的需求日益增大。然而,出于政治原因,汉语仍未被纳入缅甸国民教育体系,缅甸的汉语教学也始终披着神秘的面纱,不轻易为外国人知晓。

青年留学生是国与国交流的桥梁与纽带,其主体是大学生,世界上大部分汉语学习者都在大学学习汉语,孔子学院也是依托当地大学设立并开展汉语教学的,而这些学习汉语的大学生今后又会成为本土汉语教学,以及与中国进行经贸、人文交流的主力。因此,可以说大学的汉语教学水平直接决定该国汉语教学的整体水平。大学的汉语教学是培养汉语人才的重要基地,尤其是培养既有专业知识又懂汉语的高端复合人才的前沿阵地。全面了解大学汉语教学情况、当地汉语人才的需求及文化传播现状,可以帮助国家有的放矢地调整在这些国家的汉语教学及文化融入策略,增进国民间的交流与互信,真正实现"民心相通"。

基于以上原因,本书将以上五国(日本、韩国、蒙古、越南、缅甸)的大学汉语教学现状作为研究对象,对其课程设置、师资情况、教材选用等进行详细考察。

二、研究目的

陆俭明(2016)明确提出,"推进语言教育培养语言人才,需要做好四项工作:①加快培养通晓沿线沿路国家语言的各语种人才;②为沿线沿路国家加快培养通晓汉语的人才,抓好商务汉语教学;③加快'互联网+语言教学+商务'复合型人才培养;④加强语言教学的现代化、信息化建设";还指出要为沿线沿路国家加快培养通晓汉语的人才,需要搞调查研究,了解该国的汉语教育现状,分析具体需要哪一类人才。本书从教师、教材、教法三个方面着手,与这五个国家一线大学汉语教师合作,通过问卷调查、专家访谈等方式方法深入考察这些国家大学的汉语教学现状,掌握这些国家的汉语人才需求状况;同时,了解这些国家的汉语本体与汉语教学研究现状,使之成为国内汉语研究的有机补充,并为我国国内学者提供新的研究视角及思路。

第三节　研究现状综述

我国的语言学者针对"一带一路"共建国家（沿线国家）的语言国情以及这些国家的语言政策、语言教育做了不少研究。综观目前学界发表的"一带一路"沿线国家相关的语言类论文，主要有以下几类：①对沿线国家语言政策及语言服务的研究；②对沿线国家中华文化传播的研究；③针对某个国家汉语教学的概述式研究。

一、对沿线国家语言政策及语言服务的研究

杨亦鸣和赵晓群（2017）对"一带一路"沿线 64 个国家的语言国情、语言服务进行了一一介绍。王辉（2015；2017；2019）对"一带一路"沿线 33 个（第一卷 17 国、第二卷 16 国）国家的语言状况与语言政策做了梳理，并提出了对中国语言政策发展的启示。王辉和王亚楠（2016）总结"一带一路"沿线国家外语教育政策的特点表现为：一是英语的普及化；二是外语使用的区域化。

周庆生（2018）认为，"一带一路"建设拉动了沿线国家对不同层次语言人才的需求，具体可分为：①外方当地初通汉语人才；②外方当地复合型双语人才；③外方当地双通人才[①]；④中方双通人才；⑤中方复合型人才。语言服务，调查先行。邢欣和张全生（2016）基于对中亚三国的调查，认为中亚国家需要的汉语人才包括高端复合型人才和普通型语言人才。高端复合型人才包括精通国情汉语、外交汉语、政策法律汉语、经贸汉语、师资汉语、医学汉语等的人才，其中医学汉语人才是近年来紧缺的高端人才。

沈骑和夏天（2018）认为，"一带一路"建设会对汉语国际传播提出更大的需求。中国应积极开展汉语需求调查，有效促进汉语进入"一带一路"沿线国家基础教育体系，使其成为外语教育语种之一。无论是孔子学院还是汉语作为外语教育课程规划，都需要从语言战略角度统筹课程对象、师资队伍、课程政策、教材教法、资源配置、测试评价以及社会需求等规划内容。

[①]　"双通人才"指"深度了解两国社会文化、风土人情，能够熟练运用两国语言、顺畅进行跨文化交际的人才"（周庆生，2018）。

各国的国情及在"一带一路"倡议中的参与程度不一,对人才需求的专业要求和层次需求也大不相同。研究者需要针对不同国家分别进行调查,才能准确把握各个国家对汉语人才需求的不同内涵。

二、对沿线国家中华文化传播的研究

郑通涛(2017)提出应通过对汉语和中华文化在全球传播的现状和需求的考察研究,分析不同国家和地区的语言文化政策,追踪中华文化与其他民族文化交流互动的过程。探索适应不同对象国的本土化、精确化的对外传播机制与模式,实现中外人文交流的"接地气"。进行汉语与中华文化海外传播史的研究,探索总结中华优秀传统文化向外部世界传播的现状、规律、经验和方法,为国家制定文化发展战略、推动文化"走出去"提供智库支撑。

蔡永强(2020)明确提出传播中国文化必须有所为、有所不为,注重双向交流,注重方式方法,区分"了解或知道""理解或认可""化解并接受"这三个层次不同的文化传播方式,求同存异,互相理解。

三、针对某个国家汉语教学的概述性研究

针对具体某个国家的汉语教学的概述性研究中,有宏观介绍该国汉语教学情况的,也有微观介绍一个国家具体几所学校汉语课程设置、教材使用等情况的[①]。针对"一带一路"倡议背景下海外华文教育现状及对策的调查研究居多(郭晓莹,2017;孙宜学,2017),针对国外大学汉语教学的调查研究较少。本书专门研究大学的汉语教学(包含专业与非专业),通过对该国几所具有代表性大学的专业及非专业汉语课程、师资力量、选用教材的研究,细致调研本书所选定的研究对象国的大学汉语教学现状。

第四节　研究内容与研究方法

一、研究内容

本书主要研究对象为东北亚日本、韩国、蒙古,东南亚越南、缅甸这五国

---

① 这些文献将在本书具体介绍该国汉语教学的章节详细介绍,此处不一一赘述。

的大学汉语教学。在各个国家选定几所具有代表性的大学,对其汉语课程的设置、师资情况、教学方法、教材选用四个方面进行详细调研,微观了解这些大学的汉语教学情况。同时,结合对这些国家的一线大学教师进行的问卷调查及个人访谈,多维度考察这五个国家的大学汉语教学情况。分析各国大学汉语教学的优势和不足,明确这五个国家大学汉语教学今后的发展方向,为我国灵活调整对这五个国家派遣汉语教师的数量提供有效参考,总结对我国今后在区域性乃至全球国际中文教育发展布局中可学习的有益经验及可以规避的教训。分析日本、韩国的汉语人才需求状况,有针对性地调整日韩两国汉语教材的编写偏重,探索如何有效延长其汉语学习者的学习积极性。同时,本书还统计近年来日本、韩国、越南三国汉语相关研究论文的题目,帮助我国的国际中文教育学者克服语言障碍,了解国外对于汉语本体及汉语教学研究的兴趣点及动向,拓宽研究视角。

二、研究方法

(一)比较法

比较法是教育研究中的一个重要研究方法,本书拟运用同类相比的办法,横向对比五个国家的大学汉语教学情况,先发现各个国家的优缺点及存在问题,再总结这五国存在的共同问题,提出解决办法。

(二)实证法

本书还将采用实证法。针对以上五国一线大学汉语教师实施问卷调查,对教师、教法、教材的具体情况进行分析。以这五个国家大学的汉语教师为对象实施了关于教师、教学以及教材情况的问卷调查[①]。问卷一面向日本、韩国、蒙古、越南四国,共设计 25 道题,分两大块:一是师资基本情况(1—5 题),二是教学基本情况(1—20 题)。教学基本情况又具体划分如下:①课程情况(1—3、13、14 题);②教学法(4—12 题);③教材(15—17 题);④汉语培训(18、19 题);⑤对中国的态度(20 题)。问卷二面向缅甸,共设计 22 道题,内容涉及汉语师资师范生的基本情况、参加师资培训情况、对缅甸

---

① 因国家政策所限,在缅甸无法实施覆盖所有高校教师的横向问卷调查,而是对未来将会成为汉语教师的缅甸曼德勒云华师范学院的在校学生进行了问卷调查。问卷具体内容虽有不同,但调查的几个方面基本一致。

汉语教学的期望等部分。

同时,为避免因调查对象数量、覆盖面限制可能产生的结果不全面,本书还分别对这五个国家所调查高校的汉语教师进行了个人访谈,以提高本书调查结果的真实有效性。

(三)翻译法与统计法

本书统计日本、韩国、越南三国汉语相关研究论文的题目,并将其翻译为汉语,以调查分析这三个国家汉语相关研究的情况。

三、创新之处

(一)调查细致,多国横向对比

目前针对多个国家汉语教学情况整体介绍的专著虽覆盖国家多,但基本都是介绍每个国家的教学基本情况,针对多所具体大学的详细汉语课程设置、教材选用、教学方法的介绍不够详尽。在罗列了不同国家的情况后,也并未对这些国家进行横向对比,发现国际中文教育的共同问题。本书同时调研五国的大学汉语教学现状,通过横向对比,探索五国在汉语教学中存在的共性问题和个性问题。

(二)对教师实施调查问卷

现有国际中文教育的研究中,基于调查问卷的研究多为以学习汉语的学生为对象进行的学习偏好或学习动机调查,而基于面向大学教师实施的调查问卷的研究鲜见。笔者对不同国家的大学教师实施统一的问卷调查,了解不同国家大学汉语教师的师资水平,从教师视角评判对教材的满意度,具有创新意义。

(三)介绍国外汉语研究视角

本书通过收集日本、韩国、越南三个国家近几年公开发表的三千余篇汉语相关研究论文题目,总结分析了三个国家汉语相关研究的特点及热点,为我国学者提供了了解国外汉语研究动态的窗口。

参考文献

蔡永强,2020.孔子学院的文化张力与中华文化海外传播策略[J].常熟理工学院学报(哲学社会科学版)(6):80-86.

曹秀玲,2008.东北亚汉语教学的历史与现状综观[J].世界汉语教学(3):125-133,4.

郭春贵,2014.从日本汉语教育实践反思对外汉语教育[J].北京广播电视大学学报(3):38-42.

郭晓莹,2017."一带一路"背景下马来西亚华文教育的现状和对策[J].海外华文教育(10):1329-1334.

国家信息中心"一带一路"大数据中心,2017.一带一路大数据报告(2017)[M].北京:商务印书馆.

国家语言文字工作委员会,2017.中国语言文字事业发展报告(2017)[M].北京:商务印书馆.

国家信息中心"一带一路"大数据中心,2018."一带一路"大数据报告(2018)[M].北京:商务印书馆.

胡范铸,刘毓民,胡玉华,2014.汉语国际教育的根本目标与核心理念——基于"情感地缘政治"和"国际理解教育"的重新分析[J].华东师范大学学报(哲学社会科学版),46(2):145-150,156.

黄定天,1999.东北亚国际关系史[M].哈尔滨:黑龙江教育出版社.

金基石,2005.韩国李朝时期的汉语教育及其特点[J].汉语学习(5):73-80.

李宝贵,吴晓文,2022.东南亚各国中文教育政策对中文纳入国民教育体系的影响[J].天津师范大学学报(社会科学版),280(1):21-28.

李宝贵,庄瑶瑶,2020.中文纳入"一带一路"沿线国家国民教育体系的特征、挑战与对策[J].语言文字应用(2):89-98.

李宇明,2015."一带一路"需要语言铺路[N].人民日报,09-22(7).

李宇明,2014.成功的语言传播[M]//王建勤等,全球文化竞争背景下的汉语国际传播研究.北京:商务印书馆.

陆俭明,2016."一带一路"建设需要语言铺路搭桥[J].文化软实力研究,1(2):31-35.

马艳,2015.东南亚汉语教育概述[M].广州:世界图书出版广东有限公司.

沈骑,夏天,2018."一带一路"语言战略规划的基本问题[J].中国战略报告(2):196-211.

孙宜学,2017."一带一路"沿线国家华文教育:现状、问题与对策[J].海外华文教育(7):893-902.

王辉,2015."一带一路"国家语言状况与语言政策(第一卷)[M].北京:社会科学文献出版社.

王辉,2017."一带一路"国家语言状况与语言政策(第二卷)[M].北京:社会科学文献出版社.

王辉,2019."一带一路"国家语言状况与语言政策(第三卷)[M].北京:社会科学文献出版社.

王辉,王亚蓝,2016."一带一路"沿线国家语言政策概述[J].北华大学学报(社会科学版),17(2):23-27.

吴应辉,何洪霞,2016.东南亚各国政策对汉语传播影响的历时国别比较研究[J].语言文字应用(4):80-92.

邢欣,张全生,2016."一带一路"倡议下的语言需求与语言服务[J].中国语文(6):761-765.

阎国栋,2006.俄国汉学若干问题刍议[J].南开学报(4):74-81.

杨亦鸣,赵晓群,2017."一带一路"沿线国家语言国情手册[M].北京:商务印书馆.

张栋,刘振平,2019."一带一路"背景下缅甸汉语传播现状及策略[J].海外华文教育(3):130-137.

张治国,2016."一带一路"建设中的语言问题[J].语言文字应用(4):2-9.

郑通涛,2017.以"四个自信"为引领,推进汉语文化国际传播的创新发展[J].海外华文教育(6):725-735.

周庆生,2018."一带一路"与语言沟通[J].新疆师范大学学报(哲学社会科学版),39(2):2,52-59.

第二章　日本的大学汉语教学研究

日本的汉语教学历史悠久。在日本，自近代汉语教学便已开始。1868年明治维新后至今，大约150年的日本汉语教学史大致可分为4个阶段：Ⅰ.成立阶段（1871—1895年）；Ⅱ.起步阶段（1895—1945年）；Ⅲ.发展阶段（1945—2000年）（邵艳，2005）；Ⅳ.饱和阶段（2000年至今）①。

日本的汉语教学规模庞大，目前日本本土学习汉语的人数仅次于学习英语的人数。根据日本书部科学省官网公布的2014年数据，全日本775所大学中，设置了汉语课程的大学共有624所（其中国立81所，公立63所，私立624所），占总数的84.6%②，为仅次于英语的第二大外语。"约有16万人选修汉语作为第二外语。因此，可以说日本目前仍然是学习汉语人数最多的国家。"（郭春贵，2014）而与规模庞大的二外汉语课程相比，设有汉语专业的大学只有28所，开设汉语专业的大学仅占日本高校总数的3.6%。其中国立2所（大阪大学、东京外国语大学），公立3所（爱知县立大学、神户市外国语大学、北九州市立大学），私立23所（爱知大学、长崎外国语大学、大东文化大学、帝京大学、佛教大学、关西大学、京都产业大学、京都外国语大学、丽泽大学、梅光学院大学、名古屋外国语大学、明海大学、目白大学、日本大学、神奈川大学、神田外国语大学、摄南大学、拓殖大学、天理大学、文教大学、杏林大学、樱美林大学、中央大学）。另外还有15所大学有汉语方向，或把汉语作为第二专业（神户学院大学、福冈大学、爱知文教大学、同志社大

---

① 邵艳（2005）提出了前三个阶段，第四个阶段由古川裕（2017）提出。引自古川裕2017年在中山大学外国语学院国际汉语系讲座时的资料。讲座题为"从近代以来日本'中国语'教学的变迁及当今在日汉语教学的现状"。

② 日本书部科学省网页链接：http://120.52.51.16/www.mext.go.jp/a_menu/koutou/daigaku/04052801/__icsFiles/afieldfile/2017/12/06/1380019_1. http://120.52.51.16/www.mext.go.jp/a_menu/koutou/daigaku/04052801/__icsFiles/afieldfile/2017/12/06/1380019_1（2016年12月公布，访问日期为2018年8月20日）。

学、札幌大学、早稻田大学、北陆大学、御茶水女子大学、帝塚山学院大学、长崎卫斯理公会大学、大阪产业大学、国学院大学、二松学舍大学、关西外国语大学、南山大学)。除大学以外,有 497 所高中开设汉语课程,学习人数为 19637 人[①]。

日本汉语教育不仅规模大,专业程度也很高,课程涉及面广。出版本土汉语教材数量多,培养了大批精通汉语的语言学家,每年日本国内有近 400 篇汉语相关研究论文发表。日本的汉语教学无论是在规模之大上,还是在培养层次之高上,都有其领先之处,"在日汉语教学"(张恒悦等,2018)对于国际汉语教育的推广具有示范意义。

第一节　日本大学汉语教学现状调查

本次调查是以在日本大学教授汉语的教师(包括专任与兼职)为对象实施的,以期从教师教育背景、课程性质、教材与教学法等几个方面,宏观把握日本大学汉语教学的现状。

同时选取日本五所相对能全面代表日本大学汉语教学水平的大学,即东京大学、大阪大学、神户市外国语大学、关西外国语大学、樱美林大学,做调查。如表 2-1 所示,这五所大学覆盖了日本大学的三种类型:国立、公立、私立。区分了有无汉语专业,有无孔子学院。具体考察其汉语课程(包括中文系及非中文系)的设置、使用教材、课程大纲等信息,微观分析日本大学的汉语教学体系与现状。

表 2-1　选定大学情况

大学名称	学校性质	汉语专业	孔子学院
东京大学	国立综合大学	无	无
大阪大学	国立综合大学	有	无
神户市外国语大学	公立外国语大学	有	无
关西外国语大学	私立外国语大学	无	有
樱美林大学	私立综合大学	有	有

---

①　日本文部科学省官网公布的截至 2018 年 5 月 1 日的数据。

一、问卷实施情况

对日本大学教师的问卷调查自 2018 年 2 月开始,截至 2019 年 6 月共收集到 216 份有效问卷,其中 98 份为现场收集①,118 份通过"问卷星"网络收集。

本次调查共收集到 86 所大学的数据,这些大学覆盖了除了冲绳地区以外的日本四大区域(北海道地区、本岛地区、四国地区、九州地区),以东京首都圈和关西地区的大学为主。由于日本国民比较注重个人隐私,且本次调查是针对大学教师这一固定职业进行的问卷收集,数据收集的难度较大。虽然距离全日本开设汉语课程的 624 所大学差距仍然较大,但是由于作为第二外语和公共外语的汉语教学课程大部分都以初级会话的方式进行,且止于初级阶段,差异性并不大,因此这些数据已足以反映日本整体的汉语教学现状。

二、调查结果

(一)师资基本情况

回答问卷的 216 名教师中,中国教师 125 名,日本教师 91 名。日本中国语学会《日本の中国語教育—その現状と課題》(2002)的数据显示,日本大学的专任汉语教师多数为日本教师,中国教师只占约两成。大部分中国教师都是以外聘的形式在大学教学,这也与我国外语专业的中外教比例相似。日本大学的汉语教师具有学历高、专业性强的特点。在 216 名教师中,具有博士学历的高达 164 人,占 75.9%。如图 2.1 所示,汉语教师年龄普遍偏高,50 岁以上的最多,为 116 人,占 53.7%;31~40 岁的有 45 人,占 20.8%;41~50 岁的有 52 人,占 24.1%;20~30 岁的有 3 人,占 1.4%。原因在于想要在日本大学从事汉语教学,必须取得博士学位,而 30 岁之前能够取得博士学位并获得教职的人少之又少,且有为数不少的中国教师,都是原本在中国工作过,因为家庭或个人原因定居日本又重新攻读汉语言文学或教育方向硕士、博士学位,而后在日本大学就职。这更造成了在日本大学教授汉语的教师年龄层偏高。

---

① 笔者分别于 2018 年第 9 届日本中国语教育学会(2018 年 6 月 2—3 日,早稻田大学)和櫻美林大学孔子学院主办的汉语教师培训班(2018 年 7 月 14—15 日)、关西外国语大学主办的汉语教师培训班(2018 年 7 月 22 日)现场发放问卷共 120 份,回收 105 份,回收率 87.5%,其中有效问卷 98 份,问卷有效率 93.3%。无效问卷有 3 种:①回答者是培训机构教师,非大学教师;②信息填写不全;③中国高校的日本分校,非传统日本大学,有两所,分别为北京语言大学东京校和天津中医药大学神户校。

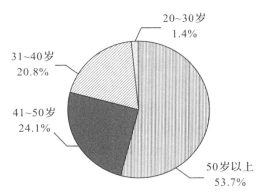

图 2.1　汉语教师年龄分布

在 91 名日本教师中,有赴中国留学经历的为 66 名,占总数的 72.5%。而中国教师则几乎是在日本留学后留在日本从事汉语教学工作。有 36 名日本教师参加过汉语水平考试(HSK)考试(占比较少)。这也与教师年龄层次有关,参加过 HSK 考试的多为青年教师,日本的汉语教师年龄偏大。216名教师中有 168 名为汉语语言学、中国文学或汉语教育专业,占全体的 77.8%。有 32 名所学专业为日语语言或日语教育,16 名为国际关系、心理学、发展政策等其他专业,语言类专业的汉语教师人数多,对语言理解方面的专业性较强。

各校的汉语教师人数差异较大,专职教师所占比例小,兼职教师人数众多。在笔者调查的这 86 所大学中,有 6 所大学的汉语任课教师人数超过 50名,21 所大学的汉语任课教师人数超过 40 名。人数最少的仅有 1 名,另有14 名教师填写人数不详(因为外聘教师一般把握不了学科的具体情况)。

汉语教师人数与学校的整体规模和汉语教学规模有关。如表 2-2 所示,以笔者详细调查的 5 所大学为例,东京大学共有 48 名汉语教师,专职教师13 名,其中日本教师 25 名,中国教师 23 名。由于东京大学规定所有新生都必须选修两门外语,而东京大学每年有 3000 多名新生入学,因此东京大学的汉语教学规模非常庞大。据杨凯荣(2018)统计的数据,1999—2015 年选汉语为二外的一年级学生总人数最多为 937 人,最少为 651 人,占总体新生人数的最高比例为 38%,最低比例为 21%。

大阪大学共有汉语教师 28 名,专职教师 15 名(其中中文系 10 名),1 名中国大学的交换教师,12 名兼职教师。日本教师 13 名,中国大陆教师 12名,中国台湾地区教师 3 名。大阪大学的汉语教学分为中文系专业教学和二外教学。大阪大学每年招收新生约 3400 名,其中外国语学部(即外国语学院)约 500 人,汉语专业招收 30 余名。学校整体规模与东京大学相似。

神户市外国语大学共有汉语教师 23 名,专职教师 7 名,2 名与北京语言大学及复旦大学交换的教师,兼职教师 14 名。其中日本教师 11 名,中国教师 12 名。值得一提的是,在 14 名兼职教师中,有 1 名知名旅日作家,1 名外交部职员,之前长年从事国家领导人翻译。这种多元化的教师组成,为学生扩大了视野。作为外国语学院,神户市外国语大学的学生人数自然比综合大学要少得多,每年招收学生 400 余名,中国学科 50 余人。2019 年的招生计划总数为 430 名(其中夜校 80 人),中国学科 50 人。

关西外国语大学英语国际学院共有汉语教师 35 名,专职教师 6 名,每年更新合约的特任教师 5 名,兼职教师 24 名。其中日本教师 10 名、中国大陆教师 17 名、中国台湾地区教师 1 名。该大学英语国际学院每年入学新生约 700 名,一年级学生二外选修汉语的人数多达 660 名,汉语教学班 26 个(2018 年数据)。

樱美林大学共有汉语教师 37 名,专职教师 4 名,兼职教师 33 名。其中日本教师 13 名,中国教师 24 名。每年入学新生约 2500 名,汉语专业学生近 40 名。汉语课程分为三大类别:汉语专业课程、二外汉语课程、英语专业学生的汉语课。

表 2-2　5 所大学汉语学生人数和教师人数　　　　　　单位:人

人数 大学名称	学生人数(一年级)(约)			教师		
	总人数	汉语专业	选修汉语	总数	日本	中国
东京大学	3000	0	700	48	25	23
大阪大学	3400	35	600	28	13	15
神户市外国语大学	400	50	100	23	11	12
关西外国语大学	700	0	400	28	10	18
樱美林大学	2500	40	400	37	13	24

在日本大学教授汉语的中国教师,大多数为自己应聘的专职教师和兼职教师,分别占 79.2% 和 74.4%[①]。汉语教师志愿者及中国公派教师很少(详情见图 2.2)。

---

① 本题为多选题,所以各部分比例总和不是 100%。后文也有若干多选题,将不再一一说明。

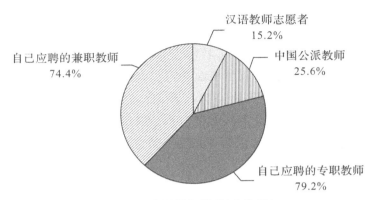

图 2.2　中国教师类型(多选题)

(二)课程设置与教学方法

1.课程设置

本次问卷针对课程和教学方法共设计了 14 道题。鉴于课程类型不同,教师采用的教学方法也应有所不同。调查问卷将汉语课程的类型分为 4 类:汉语专业课程、第二外语、公共外语和其他课程的附属教学。统计结果显示,作为第二外语的汉语课程占比最高,为 83.3%,汉语专业课程和公共外语课程占比相当,分别为 38.0% 和 35.2%,而其他课程的附属教学则仅有 2 人选择。虽然本次问卷调查的数据未覆盖所有日本大学的汉语课程,但由于日本的大学普遍要求学生学习第二外语,因此二外课程是日本大学最主要的课程类型。汉语课作为公共外语课程,由于原本就有汉语基础的学生人数有限,开设数量也不多。本次调查也符合这个趋势。日本的汉语课堂人数多集中在 21~30 人和 30 人以上,小班授课形式较少,多集中在汉语专业课程。笔者详细调研的 5 所大学中有汉语专业的大阪大学、神户市外国语大学、樱美林大学这 3 所大学,一个班也有 20 人左右。公共外语类课程 30 人以上课堂最多,占半数以上。

二外课程多数一周 1~2 节课(一节课 90 分钟),但是东京大学一年级文科生的二外每周有 3 大节课(理科生 2 节),约 5 个小时①。汉语专业课程的设置因学校而异,但以一周 5~6 节(一节课 90 分钟)居多。如大阪大学

---

①　日本大学一节课基本为 90 分钟,但是东京大学特殊,一大节课为 105 分钟。

汉语专业学生 4 年共开设 51 门课程,一年级主要为初级汉语,一周 3 门共 5 大节课,约 8 个小时。这 5 节课中有 4 节课是使用同一本教材,分别由日本教师和中国教师轮流授课,在日本教师详细讲解完语法后,再由中国教师巩固发音。神户市外国语大学汉语专业共开设 30 门汉语课,一、二、三年级每周 6 节课(9 小时),四年级每周 4 节(6 小时),其中至少 2 节由中国教师授课。樱美林大学的汉语专业课时更多,初、中级汉语课程每周 12 节课(每天 1～2 节),合计 18 小时;高级汉语课每周 8 节课,合计 12 小时。部分课程采用集中授课形式。

在具体的课程设置方面,开设最多的还是综合课程,最少的为翻译和商务汉语(详见表 2-3)。

表 2-3　已开设汉语课程(多选题)

选　项	小　计	比　例
综　合	195 人	90.3%
口　语	144 人	66.7%
听　力	96 人	44.4%
写　作	92 人	42.6%
阅　读	112 人	51.9%
翻　译	64 人	29.6%
商务汉语	60 人	27.8%
如选项中没有,烦请补充	32 人	14.8%

选项中没有的课程,具体如下:"HSK 对策""中国语检定[①]对策""汉语方言"和"社会学专业的中文专著阅读和讲评"。

而在希望开设的中文相关课程中,"中国文化"呼声最高,其后依次为"中国概况""商务汉语""翻译""中国历史""阅读"(详见表 2-4)。其他希望开设的课程还有:"中国社会""中日两国关系史""HSK""中国语检定对策""写作"。

---

① 　日本最大规模的汉语能力考试,在日本的认知度高于 HSK。

表 2-4　希望开设的汉语课程(多选题)

选　项	小　计	比　例
中国文化	128 人	59.3%
中国历史	56 人	25.9%
中国概况	88 人	40.7%
商务汉语	72 人	33.3%
阅　读	32 人	14.8%
翻　译	60 人	27.8%
如选项中没有,烦请补充	28 人	13.0%

整体来看,日本的汉语教育重口语和阅读能力的培养,对写作及翻译能力培养不够。这也是受日本本国中小学的国语教学对于写作的要求不高的影响。"日本国语教学把大部分的时间用在阅读教学,写作教学并不受到重视。"(竹中,2007)专门用途的汉语教学尚未受到重视。在笔者调查的五所大学中有汉语专业的大学都设置了"翻译""写作"和"商务汉语"课程。

2.教学方法

为了解因课程类型不同而产生的教学方法差异,调查又将课程类型设为自变量,将中介语、是否重视语法教学等因素设为因变量进行了交叉分析。发现日本的汉语教师因为课程类型不同而采用不同教学方法的倾向不明显。无论是汉语专业课程还是其他课程,基本全部使用本国语言的占半数左右。基本全部使用汉语的即使是在汉语专业课程中,也只有 9 人选择,且基本为中国公派教师,不会日语。笔者曾在日本留学多年,也在大学教过汉语,当时接触到的汉语教师除了完全不会日语的中国公派教师以外,上课几乎都使用日语进行说明。一是与学生的汉语水平普遍不高,而教师的日语水平普遍较高有关;二是与学校对此没有明确要求有关。

本次调查结果显示,71.8% 的教师会设定一个场景让学生进行对话,82.9% 的教师重视对语法的讲解,92.6% 的教师会翻译课文或例句,77.8% 的教师会使用图片、教具等其他辅助教学工具,而使用多媒体的教师中,选择"偶尔使用"的达到 56.9%,几乎每次都会使用的为 24.1%。仅有 19.0% 的教师会使用网络平台教学。

问卷中有一道询问教师具体使用教学法的开放式填空题。有 19.9% 的教师回答无特定教学方法,37.0% 的教师明确写了直接法、翻译法等对外汉语教学方法,其余 43.1% 的教师具体描述了自己的教学方法。仅有 3 名教师采用翻转课堂这种近年流行的新型授课方式。由此数据也可以看出,日本大学的汉语教师虽然学历普遍较高,专业也多为语言方向,但对于汉语具体教学方法的了解还不够。日本也有"日本中国语教育学会",研究许多具体语法点的教学问题,但是对于对外汉语教学理论的研究不多。郭春贵(2014b)也指出"虽说师资重要,但在日汉语教学方面,对外汉语专业的专职教师却异常缺乏"。笔者认为,这是由于日本学术圈普遍认为对外汉语教学研究的理论性不如传统语言学、文学等方面高,学术水平尚未得到认可。

通过以上分析可以看出,本应根据不同课程类型而使用不同教学方法的部分,教师未加以区别对待,也说明了在日本从事汉语教学的教师未能根据不同课程类型有的放矢地开展针对性教学。

(三)教　材

1.教材使用情况

本次调查结果显示,使用日本出版教材的占 83.3%,使用中国大陆出版教材的占 29.2%,使用教师或学校自编教材的占 48.1%。中国台湾地区出版的教材仅有 1 本,且为台湾话教材。这点也表明,虽然中国台湾地区教材使用的繁体字对于日本人来说容易识别,但是在日本,中国大陆体系的汉语教学仍然占据绝对的主流地位。日本的汉语教材种类丰富,"日本现行汉语教材不下 2000 种""每年新出教材已超过 150 种"(津田,2010)。无论是大学还是培训机构,使用的教材中大部分是日本本土出版的教材。

以调查的 5 所大学为例,东京大学的汉语课程使用的教材共 12 种,但是除理工类以外的二外汉语课全部统一选用东京大学自编教材。本校教师了解本校学生的学习能力和水平,也了解本校周边的环境,在编写教材时将学校附近的地名、发生的事件融入教材,能引起学生共鸣,激发学生的学习兴趣。第三外语全是入门级别,选用的教材因人而异,但也都是日本本土出版的教材。东京大学自 2013 年起实施"三语计划"(Trilingual Program,TLP),培养熟练掌握三门语言的人才,该项目包括汉语课程。TLP 项目的汉语课程有部分是选用北京语言大学出版社的《汉语纵横》和《汉语口语速成》,教师均为母语教师,授课写明尽量用汉语授课。有 10 门课程不使用固定教材,老师随堂发放资料,主要为阅读课与翻译课。大阪大学汉语专业的一年级汉语基础课程使用由本校教师编写、在本土出版的教材,因难度较大,几乎只在大阪大学使用。二外课程则由老师根据自身需求选择不同的日本本土教材。神户市外国语大学开设的 30 门汉语专业课中,仅有 7 门课使用日本出版的教材,4 门课使用中国出版的教材。其余课程均未指定教材,教师随堂发放复印资料。关西外国语大学的汉语教学均属二外教学,共使用 4 种日本出版的教材,平行班级使用统一教材。二、三年级的 HSK 训练课无指定教材,教师随堂发放复印资料。樱美林大学的中文专业全部采用中国出版的教材,共 12 种教材〔其中仅《标准 HSK 教程》(1～6 级课本和练习册)一种就有 12 册〕。二外汉语采用 12 种日本出版的教材。

本次调查按照课程类别分析了使用教材种类的差异,从结果来看,虽然使用中国教材的以汉语专业课程居多,但二外和公外均有 10 人以上选择了使用大陆出版的教材。中国大陆出版的教材主要为北京大学出版社和北京语言大学出版社出版的教材,具体有:《博雅汉语(冲刺篇)》《中国概况》《汉语口语速成》《汉语听力速成(入门篇)》《汉语听力速成(中级篇)》《汉语阅读速成(中级篇)》《汉语综合写作教程》《新丝路中级速成商务汉语》《HSK 标准教程(1～6)》《说汉语》《汉语会话 301 句》《家有儿女》《尔雅中文基础教程(上、下册)》等。《汉语会话 301 句》在日本知名度较高,有日文翻译版,多作为二外或自学教材被选用。其他教材均为口语、会话、听力、写作或是商务汉语等专门教材,且多为中级以上教材,而日本本土教材大部分为入门、初级阶段会话教材,缺乏专门用途教材及中高级教材。

结合问卷调查数据与上述 5 所学校的具体情况可以看出,在日本大学有为数不少的汉语课程并不使用固定教材,而是由教师随堂发放复印资料。汉语教学规模较大的学校,偏向于使用本校教师自编教材(包括正式出版的教材和随堂发放复印资料)。这有别于我国的备选教材使用现状:大学外语课程基本都配备指定教材,且在全国范围内提供几套固定教材。

2. 教材满意度

在教材满意度方面,6.0% 的教师表示非常满意,59.3% 表示基本满意,不太满意者占 27.8%,6.9% 的教师表示很不满意。由于对教材的满意度因课程类型不同而产生的差别不明显,此处不单独列表。其中,共有 75 名教师表示对教材不满意,理由如表 2-5 所示。"不结合本国实际"和"教材太老"

的比例相当。有 37 名教师选择了其他,具体自行补充的对教材不满意的理由经笔者整理如表 2-6 所示。

表 2-5　对教材不满意的理由(多选题)

选　项	小　计	比　例
词汇量太大	10 人	13.3%
语法太多	6 人	6.7%
不结合本国实际	23 人	30.7%
教材太老,不符合现实情况	22 人	29.3%
其　他	37 人	49.3%

表 2-6　自行补充的对教材不满意的理由(其他)

序　号	理　由	人　数/人
1	日本出版的教材太简单	11
2	不符合学生水平	7
3	每个课程要达到的目标都不同,很难找到特别契合的教材	3
4	没意思	4
5	有错字、定义、字词缺乏系统性	6
6	练习题的出题方式有点过时,显得枯燥	4
7	配备的录音有很多错读的地方	2

由此可见,教师对于其使用的教材还是比较认可的,这是因为日本教材种类多,可选择性强。再者,学校、教师有选择教材的自由,基本可以根据自己的需要、喜好选择教材。不满意的原因主要集中于不结合本国实际,以及不符合现实情况。从教师自行补充的不满意理由也可以看出,日本出版的汉语教材过于简单,汉语课程无明确的教学目标。这也是制约日本汉语教学发展的主要因素。另外,有错字,定义、字词缺乏系统性,练习题的出题方式有点过时,以及录音有错误,这几个理由也反映出日本出版的汉语教材存在的问题:数量虽多,但水平参差不齐。

(四)师资培训及学习动机

本次实施的问卷调查的问题中,还涵盖了师资培训(18、19 题)和对中国态度(20题)的问题。在回答本次问卷的216名教师中,有80名参加过相关培训,占37.0%。在回答希望参加哪些内容的教师培训时,选择"汉语教学方法"的占比最高,其后依次为:"汉语知识(语音、词汇、语法)""中华文化"(见表2-7)。

表 2-7　希望参加的教师培训内容(多选题)

选　　项	小　计	比　　例
汉语知识(语音、词汇、语法)	96 人	44.4%
汉语教学方法	152 人	70.4%
中华文化	64 人	29.6%
其　他	36 人	16.7%

在选择了其他的36名教师中,有19名表示对参加教师培训没有需求,另外17名的回答案可总结为以下5点:①以日本学生为对象的汉语教学(方法)讨论;②测试研究、教材编写与分析;③语用方面的知识以及课程设计、教材设计;④新颖的教学方式;⑤评估方法、课程设计。

对于日本大学生学习汉语的动机,郑丽芸(1997)、陶琳(2014)分别做过问卷调查研究。根据陶琳(2014)的调查结果,日本大学生学习汉语的动机,第一位是"取得学分",占51.5%;第二位是"增加今后工作晋升机会",占43.0%;第三位是"去中国旅游",占41.8%;第四位是"找一份好工作",占34.5%。本次调查问卷的最后一题设计为教师认为的学生学习汉语的动机,意在通过调查教师所认为的学生学习汉语动机,侧面了解日本的汉语教师对中国的态度。教师选择的顺序依次是"找到一份好工作"—"了解中国、促进日本与中国的友好"—"可以去中国旅游"—"可以获得中国大学的文凭"(见表2-8),而学生选择的顺序依次是"增加今后工作晋升机会"—"去中国旅游"—"找到一份好工作"—"可以获得中国大学的文凭"。由这一顺序差异可以推断出,日本大部分汉语教师对中国的经济发展持肯定态度,认为学好汉语有助于找到一份好工作;对中国态度友善,希望通过青年一代增强两国人民相互了解,促进两国关系友好发展,而学生则更务实,多以实际意义为目标。由于本次问卷调查的选项中没有"取得学分"这一选项,这一动机未能得到体现。但是笔者相信如果有这个选项,占比应该也较高。

表 2-8　教师心目中学生学习汉语的目的(多选题)

选　项	小　计	比　例
找到一份好工作	180 人	83.3%
可以去中国旅游	84 人	38.9%
了解中国,促进日本与中国的友好	132 人	61.1%
可以获得中国大学的文凭	8 人	3.7%
可以去中国工作、定居	28 人	12.9%

第二节　师资队伍分析

　　教师队伍建设是一个学科发展的基本要素,每一个国家都会有针对不同层次师资建设的政策和办法。在中国,师资队伍建设不外乎两个方面:一是每年补充新鲜血液;二是培训现有队伍。补充新鲜血液的标准在不同的城市不一样,北京、上海等一线城市,小学教师都会有名校博士,而在经济欠发达地区,大学教师可能还有本科毕业生。培训主要是针对中小学教师开展的任务培训。侯龙龙和朱庆环(2018)指出,未来的教师专业发展应多基于教师自主需求、支持教师自主的方式来进行。这就要求各种形式和级别的培训应基于两方面的工作开展:一方面,是基于对一线教师的真实需求的深入调研和了解,并支持和满足教师的需求;另一方面,应有计划、有步骤地建立、充实和提升提供培训的培训者队伍。如果不从接受培训者的工作需求和培训者的队伍建设这两个基本方面进行中小学教师培训的深化改革,培训工作就难以摆脱"针对性不强、内容泛化、方式单一"的困境,教师专业发展的"任务式"状态就无从扭转。

　　日本也一直重视教师队伍建设,松田智子和辻井直幸(2010)指出教师队伍建设要关注"使命感""职业能力"和"控制能力"。木村优(2019)认为,教师的情绪能力建设非常重要,教师必须对情绪产生过程有充分的认知,要认识到情绪对教学实践的影响,提高对课堂情绪的控制能力。横田隆志(2018)认为教师应该不断更新自己的知识,适应社会的发展,语言教育已经由教师为主体发展到学生为主体,教师需要实现从传授知识到指导学生学习的转变。

从几位学者的观点可以看出,日本师资队伍建设特别是培训这一方面,主要强调教师的责任感、专业能力和情绪控制能力的提高,全国没有统一的培训制度,但各个大学会有专题培训班,教师特别是青年教师根据自己的需要参加。教师个人综合素质的提高主要依靠教师自身自觉去完成。在这样的背景下,笔者对日本大学汉语教师师资队伍进行了调查分析,发现日本汉语教师队伍具有以下特点。

一、学历、年龄双高,专业性强

日本大学的汉语教师学历高,年龄偏大。在接受调查的 216 名教师中,具有博士学位的有 164 人,占 75.9%。年龄层次方面 50 岁以上的有 73 人,占 33.8%;30 岁以下的最少,仅 3 人,占 1.4%。日本少子化现象日益严重,大学生人数减少,大学录用新教师的比例也相应大幅降低,导致大学教师整体年龄偏大。同时,取得博士学位是成为日本大学教师的必要条件,而 30 岁之前能够取得博士学位并获得教职的人数少之又少,这就造成了 30 岁以下教师稀少的现状。

专业方面,有 168 名教师所修专业为汉语语言学、中国文学或汉语教育专业,占全体教师的 77.8%。有 29 名为日语语言学或日语教育专业,19 名为国际关系、心理学、发展政策等其他专业(这类基本为中国教师)。教师中语言类专业占比高,使得日本的大学汉语教师在汉语语言知识基础、语言理解上具有较强的专业性。

学历高、专业性强是日本大学汉语教师的优势,他们理论基础扎实,熟悉学生的学习习惯,可高效、有针对性地进行汉语教学,有利于学生更快掌握语言知识,提高表达能力。他们年龄偏大,教学经验丰富,但另一方面在接受新的教学理念,使用新型教学方法方面显得动力不足。专职大学汉语教师中年轻教师的录用比例减少,使立志于专心从事汉语教学的教师流失,日本汉语教师后备力量断层,从而影响日本汉语教学的长期发展。

二、兼职教师多,专职教师少

日本大学的兼职汉语教师人数大大多于专职教师人数。如未开设汉语专业的东京大学共有汉语教师 48 名,其中专职教师 13 名;关西外国语大学共有汉语教师 28 名,其中专职教师 6 名。开设汉语专业的大阪大学共有汉语教师 28 名,其中专职教师 15 名;神户市外国语大学共有汉语教师 23 名,其中专职教师 7 名;樱美林大学 37 名,专职教师 4 名。

在日本从事汉语教学的中国教师人数较多,大部分为兼职教师,也有专职教师。回答问卷的 216 名教师中,有中国教师 125 名,日本教师 91 名。参与调查学校的中国汉语教师中,专职教师和兼职教师分别占 79.2% 和 74.4%,汉语教师志愿者及政府公派教师很少。据日本中国语学会 2002 年的统计,在日本大学的专职汉语教师中,有汉语专业的大学日本教师与中国教师的比例为 2.5∶1,无汉语专业的大学日中教师比例为 2.3∶1。在兼职教师中这一比例则分别为 1∶1.4 和 1∶1.3。

三、教师重视自身情绪劳动能力的提升

在调查中发现,日本大学汉语教师特别重视心理学知识的学习,在教师资格考试中心理学知识属于必考内容。虽然我国教师资格考试中也有心理学的内容,但教师平时不太重视心理学的学习,也不太会关注心理方面的研究成果。日本教师重视自身心理能力的建设,注意不断提高自身调节情绪的能力,也注意不断提高观察、调节学生情绪的能力,重视对学生情绪的感染。

虽然关于教师对学生的情绪感染能力对学生成绩的影响没有现成的研究成果可以借鉴,但是,关于领导和下属的情绪感染研究成果较多,可以作为参考。如 Halverson(2004)研究发现,领导的情绪感染可以影响职员的情绪、语言表达、业绩等。职位越高,影响他人情绪的能力就越强。教师是给学生传道、授业、解惑的导师,是教学活动的策划者、管理者、执行者,也是教学秩序的维护者,教师的情绪是学生关注的焦点,决定课堂的情绪基调。教师课堂情绪的合理表达,能够吸引学生的课堂注意力。如果教师的情绪感染效果提升了,学生的课堂投入度自然也会随之提高。

但这种情绪感染是在无意识中实现的,因此,教师首先要提高自己的情绪劳动水平。Morris 和 Feldman(1997)将情绪劳动定义为有计划、有目的、有意识地控制表达组织期望的情绪。对于教师而言,情绪感染就是有意识地、有计划地表现教育目的或培养要求所期望的情绪,达到教学效果最大化的目的。教师要清楚情绪劳动的必要性和重要性,教师的语气语调、穿着打扮、面部表情、身体姿势、手势、发型、妆容等体现教师情绪的要素都会被学

生无意识地感知,对学生的认知加工会产生很大的影响,它可以促进、改善或中止、中断学生的认知加工。如果教师有意识的情绪劳动水平高,就能通过情绪感染影响学生的情绪状态,让学生的情绪不知不觉被教师诱导,吸引到课堂的学习任务中来。

　　教师同时还要注意不受学生情绪的干扰。教师的情绪可以感染学生,学生的情绪同样也会影响教师,影响教师对课堂情绪的整体控制,有时候甚至会使教师中止情绪劳动表现出的自然状态,出现生气、不耐烦。此时,教师就应该意识到自己的情绪被学生的不良情绪感染了,应该重新分析教学方法和教学过程,分析学生不良情绪产生的原因,调整策略,重新引导、组织学生的情绪。教师应该清楚,情绪感染可以引导,但是是无意识的,人与人相处就会产生情绪感染,教师要及时排解来自学生的不良情绪,提高自己对学生不良情绪的"免疫力"。

　　由此可以看出,日本大学汉语教师之所以会重视心理学知识的学习、重视自身情绪劳动能力的培养,因为他们明白,学生在变化,社会在发展,学生成长的环境不一样,上一年的策略不一定适合下一年的学生,必须与时俱进,在实践中不断调整。

第三节　课程设置分析

　　课程是学校为实现人才培养目标而选择的教育内容、教学活动方式及其进程的总和,包括学生学习的各门学科和所有有目的、有计划的教育活动。课程不仅是教学内容的载体,而且是教育教学活动管理与评价的重要依据,更是实现学校教育目标的基本保证。因此,课程设置是大学教育教学设计最基本、最核心的问题,它从本质上反映了大学和教师对教育教学内容(包括品格、知识、技能与能力、方法等培养)的选择与组织,具体而鲜明地体现学校的教育理念、价值取向、人才培养目标定位和教育教学特色。大学的教育理念与人才培养特色主要通过课程设置及其教学实施来实现。

　　中国大学的对外汉语课程分为四大类:语言技能课(包括综合技能课、精读课、单项技能课、专门课程)、语言知识课(包括音、语法、词汇、汉字知识课)、中国文化知识课(包6括中国基本国情、中国文化知识等)和应试备考类课程。课程等级的设置对大纲设计规格、学生分级测试内容、课程时长的安排等多方面因素有着重要的影响。不同教学单位对课程等级的划分也会因其教学目标、教学对象、教学内容和师资、生源等多方面因素不同而有所区别。

日本大学的汉语课程设置和中国不同。张富生(2010)指出:日本当前的大学课程设置制度以日本政府于1991年7月正式实施的新版《大学设置基准》为基础。根据新版《大学设置基准》,各大学不必再将本科课程分为通识教育(general education)课程和专业教育(specialized education)课程两类,不必再将本科四年划分为前后两个阶段分别进行通识教育和专业教育,各大学可以制定符合本校特点的办学方针和思想,可以独立自主地进行课程设置。但是,《大学设置基准》也规定了最基本的课程设置要求:规定各大学授予学士学位的必要条件;要求各大学为了实现大学的教育目标,必须系统地编制教育课程;在编制教育课程,以及教授有关专业的专门科学和艺术的同时,还应培养广博、深湛的修养,综合判断力及丰富的人性。在此之后,虽然《大学设置基准》也有若干修订,但基本思想一直保持不变。一言以蔽之,日本的大学课程设置制度的核心内容是课程设置标准大纲化,即在国家最基本的课程设置要求下,大学可以自主设置课程。根据学校性质不同,以及学校是否已开设相关课程,日本大学的课程审批程序也不一样。国立大学、公立大学、私立大学的审批程序也不一样。如果要新开一门学科,需要经文部省批准后方可开设。如果学校已有汉语课程,仅添加一门类似课程的话,经由学校教授会、理事会批准,进而向文部省备案即可。而如果已有"□□发展研究"这门课程,开设"汉语语言学发展研究"课程时无须提请审批。

当前日本的大学设置呈现多样化的态势,各大学在办学理念、培养目标、历史传统、经费来源、管理体制等方面都存在明显差异。日本政府深知在当前环境下要想激发各大学的主动性,就不能在课程设置方面对各大学进行集中统一的控制,而是应该在尊重各大学多样性的基础上,在把握课程设置基本标准的前提下,将课程设置的权力下放给各大学,同时由各大学对自身的决策负责。实际上,由于各大学的责任和权力得到了很好的统一,它们都积极主动地通过改革课程设置方案来寻求自身的发展道路。比如京都大学成立"综合人间学部",实施"全校共同课程",将其整合在学生本科四年的学习中;名古屋大学在该校已有的实践基础上进一步改革,积极实施"四年一贯"的课程体系;广岛大学注重更新课程内容和教学方式,积极探索"教养研讨课"等新的课程类型。可以说,现在每一所大学都在竞争中焕发个性风采。

一、日本大学汉语课程设置的基本特点

通过分析这次收集到的问卷和各个大学的汉语课程设置目录,日本大学汉语课程设置情况可以概述如下。

(一)二外汉语是主要汉语课程类型

本次问卷针对课程和教学方法共设计了 14 道题。鉴于不同的课程类型,教师采用的教学方法也应有所不同,调查问卷将汉语课程分为四种类型:汉语专业课程、第二外语、公共外语和其他课程的附属教学。统计结果显示,作为第二外语的汉语课程占比最高,为 83.3%,汉语专业课程和公共外语课程占比相当,分别为 38.2% 和 35.2%,二外课程是日本大学最主要的课程类型。

(二)专业课程各具特色,二外课程种类丰富

开设汉语专业的大学,汉语课程以一周 5～6 节课居多,其课程设置各有其特点。大阪大学重视开拓学生的学术视野,课程涉及领域较多,注重将教师的研究成果与课程紧密结合,如"中国文学网页的构建""现代汉语语言学研究及其在'在日汉语教学'中的应用"等。这些课程或于帮助学生加深对中国的理解有益,或与教师的科研方向紧密联系。神户市外国语大学重视学生阅读与翻译能力的培养,开设了讲授中国儒家经典《大学》《中庸》《论语》《孟子》的课程,亦有使用家庭情景剧《家有儿女》,或在中国受欢迎的电视节目如《舌尖上的中国》《非诚勿扰》作为教材的视听课程。樱美林大学则重视学生实际语言运用能力的快速提高,初级阶段每周 18 个小时全部安排使用汉语授课的密集训练,不少学生学习一年就可以通过新 HSK 五级考试。

二外汉语课程一般一周 1～2 节课,课堂人数规模集中于 21～30 人以上和 30 人两种。二外课程基本为入门课程、初级课程,虽然在总体课程设置上大同小异,但课程种类丰富,也有一些特色课程。例如,东京大学开设了方言类课程,包括广东方言、上海方言、台湾方言,开设一门讨论课"邓小平年谱"。关西外国语大学开设了"HSK 对策"课程,樱美林大学的二外汉语课程有"时事汉语""商务汉语""考试汉语训练"等。

(三)重口语、阅读,轻写作、翻译

本次问卷结果显示,日本大学中开设最多的汉语课程是"综合"课程,占整体课程的 90.3%,其后依次为"口语""听力",分别占 66.7% 和 44.4%。最少的为"翻译"①(29.6%)和"商务汉语"(27.8%)。另有教师补充选项中没有的课程为:"HSK 对策""中国语检定对策""汉语方言"和"社会学专业相关中文专著阅读和讲评"。

而在希望开设的中文相关课程中,"中国文化"呼声最高,占 59.3%,其后依次为"中国概况""商务汉语""翻译""中国历史""阅读"。其他希望开设的课程还有"中国社会""中日两国关系史""HSK 对策""中国语检定对策""写作"等。

整体来看,日本大学的汉语教学重视口语和阅读能力的培养,对写作及翻译能力培养重视不够。"日本国语教学把大部分的时间用在阅读教学上,写作教学并不受到重视。"(竹中,2007)另外,专门用途的汉语教学,如商务汉语,尚未受到关注。

二、日本汉语课程设置的基本原则

从日本大学汉语课程设置概况也可以看出日本汉语课程设置的基本原则。

(一)应用交际原则

数据显示,二外汉语课程所占比例为 83.3%,这说明绝大多数高校并未视汉语为一门专业,而是把汉语当成交际工具,而且是最基本的交际工具。应用交际原则一般强调人与人之间(interpersonal)的交际、解释说明性的(interpretive)交际和表达演示性的(presentational)交际。在开设汉语课程这一点上,大部分高校注重的是人与人之间的交际,培养解释说明性的交际能力和表达演示性的交际能力是汉语专业课程设置的基本原则,目的就是让学生学会使用除英语以外的语言与别人交流。大部分学校的汉语课程都根据这个原则设立。学生的学习目的主要是使用汉语与来自中国的朋友做简单交流,或者到中国旅游的时候会使用简单的日常交际汉语,把汉语课程作为一种通识教育。

---

① 日本的翻译课多特指"口译"课。

（二）强化基本功原则

表 2-9～表 2-11 分别是大阪大学、神户市外国语大学和樱美林大学汉语专业课程设置表，由表可以看出这几所大学汉语专业在课程设置上都注重语言基本功的训练。其他大学如东京大学、关西外国语大学等未开设汉语专业的学校，其二外汉语课程也很重视语言基本功的训练。

表 2-9　大阪大学汉语系课程设置（共 44 门课①）

语言技能类（15 门）	其他类（29 门）
初级汉语（综合）；初级汉语；中级汉语（综合）；中级汉语（会话）；中级汉语阅读；中级写作；初级粤语；阅读与听力；语法与听力；高级汉语（写作）；高级汉语（理解、听力、讨论）；商务汉语；粤语中级（会话）；汉语演讲；现代汉语口语听力训练	中国文学阅读；中国文化与日本人；现代中国诸相——以 20 世纪中国小说为线索；从"原住民"的教育和文化了解台湾；从历史教育了解台湾；中国文学作品鉴赏；中国文学节目听力；20、21 世纪的中国小说（电影）阅读；文学的翻译性与影像的世界；放眼华语圈文学；现代中国社会文学选读；中国文学网页的构建；现代汉语探究；闽南语与台湾的多元文化；汉语原籍阅读；现代汉语语法基础；汉语音韵学——从日汉对比的角度出发；使用影像进行汉语教学的可能性；中国文学影像资料阅读——移动的文学、电影；华人华侨论；中国社会经济史研究；现代中国经济概论——市场革命与活力；现代中国研究的成就及今后的课题；汉语音韵学——中古音研究；汉语音韵学——汉语语音的历史变迁与方言音；社会生态学入门；日本台湾研究；通过理解中国社会习得多元化社会理解能力；中国模式探讨——"经济大国化"后中国的课题及中日关系；现代汉语语言学研究及其在"在日汉语教学"中的应用

表 2-10　神户市外国语大学汉语系课程设置（共 29 门课）

语言技能类（22 门）	其他类（7 门）
汉语Ⅰ（1、2、3－4、5－6）；汉语Ⅱ（会话）；汉语Ⅱ（写作）；汉语Ⅱ（语法）；汉语Ⅱ（阅读）（1、2、3）；汉语Ⅲ（阅读）（1、2、3、4、5）；汉语Ⅲ（写作与会话）；汉语Ⅳ（阅读）（1、2、3）；汉语Ⅳ（写作）；商务汉语（1、2）	汉语语言学基础；汉语教学法（第 1）；汉语教学法（第 2）；汉语语言学特别讲义（广东方言）；汉语语言学特别讲义（汉语法）；汉语语言学特别讲义（时政翻译）；汉语语言学特别讲义（听写与翻译）

---

① 本书统计课程数量是以教材是否相同区分一门课。若教材相同，仅教师不同，则视为同一门课。教师相同，但教材不同，视为两门课。数字中间加"－"的课程教材、教师相同，视为一门课，如"3－4""5－6"。

表 2-11　樱美林大学汉语系课程设置(共 20 门课)

语言技能类(13)	其他类(7)
汉语Ⅰ;汉语Ⅱ;初级汉语演习(综合);中级汉语演习(综合);中级汉语演习(汉语语法);高级汉语演习(综合);高级汉语演习(听力);高级汉语演习(写作);实践汉语(中级汉语);实践汉语(汉语写作);实践汉语(中级阅读);实践汉语(听说);汉语交流A(写作)	汉语特别演习Ⅰ;汉语特别演习Ⅱ;中级汉语演习(汉日语言对比研究);高级汉语演习(时事);高级汉语演习(中国电影);高级汉语演习(汉语语法);汉语交流B(语法)

　　语言学习的基本功就是"听、说、读、写、译",这是全世界都公认的外语学习标准。日本每所大学的汉语专业课程设置都尊循这一原则,在不同学期侧重点不一样,神户市外国语大学在基础阶段强调语音、词汇和基础知识,在中级阶段特别强调阅读、表达和写作。大阪大学中级阶段的课程同样说明了基础的积累、循序渐进的重要性,不同的是大阪大学在中级阶段就开设了讲座课程,这可能和大阪大学学生的素质较好有关。学校名气越大,生源就越好,学生素质就越高,不仅在中国,在世界上任何一个国家都存在这种现象。在中国,任何一个专业,在不同层次的大学,其课程设置就不可能一样,也不应该一样。日本也同样,名校和一般大学都会重视基础,但在基础阶段课程设置的时长会有区别,名校会有适应自己学生水平的难度较高的特色课程。

第四节　教学方法分析

　　对外汉语教学方法研究一直是国内学界关注的热点,随着对外汉语事业的不断发展,学界一直在不断探索,不断改革,实行的教学法层出不穷,如吕俞辉(2002)提出对外汉语教学不能满足于只讲究遣词造句的正误,对外汉语的教学过程更是"语用能力"的培养过程。"语用能力"不会随着语法知识的增多及词汇量的扩大而自动提升。"语用能力"需要培养,需要训练。赵金铭(2011)认为,汉字作为汉语的书写系统,不同于拼音文字,造成汉语口语和书面语之间存在较大的差距。从某种意义上而言,汉语口语和书面语属于两种不同的语言形式,各自具有自身的特点。对于学习者来说,它们应该是在不同的教学阶段习得的不同的语言技能。我们应该据此编写不同形式的教材,实施不同的教学方法。"先语后文"是初级汉语教学的有效、便捷的途径,对于母语书写系统为拼音文字的学习者也许是必由之路。"先语后文"从汉语和汉字特点出发,符合汉语作为第二语言教学所遵循的语言规律、语言教学规律和语言学习规律。靳洪刚(2011)提出了第二语言教学的十大原则:以任务为语言教学基本单位;采用"体验学习";提供丰富的输入;提供深度处理的扩展性输入;强调利用语言组块学习;注重语言结构的练习;鼓励在大量输入基础上的有效输出;注重反馈纠错,培养学习者的差异意识;尊重学习者内在的语言发展规律;采用多种形式的个人化合作学习。文秋芳(2018)提出的"产出教学法",强调学中用,用中学,边学边用,边用边学,强调课堂教学中输入和输出一体化。换句话说,输入与输出之间不允许有很长的时间间隔,学一点,用一点,学用无缝对接。日本的汉语教学界虽然未提出这么多的教学理论、教学体系,但是日本的汉语教学有其自身的特点。

一、教师注重心理引导、课堂情绪控制

笔者通过直接参与日本的大学汉语课堂以及对日本一线汉语教师进行访谈相结合的方式,调研了58节日本大学汉语课堂教学(包括日本教师和中国教师)。在日本大学的汉语课堂里,教师往往充满亲和力,营造出和学生共同学习、共同体会的课堂氛围。课堂语言亦不是简单的教师语言,而是课文中的角色语言,每个课堂都是一幕情景剧,教师和学生扮演不同的角色,教师、学生情绪共振,学生全程参与其中,主动学习。

同时,调查发现教师并没有一直在课堂教学中呈现积极情绪,而是视课堂情景或教学内容决定需要呈现什么类型的情绪。当对学生课堂表现感到失望时,也会适时地呈现消极情绪,但点到为止,特别注意不伤害学生,不打击学生的积极性。如会使用汉语表达生气的情绪,而当看出学生理解了表达生气情绪的汉语以后,又会表扬学生听懂了汉语。注意情绪与情境或课堂保持一致,使情绪更加具有感染力,从而达到吸引学生,提高教学效果的目的。

教师在课堂中不仅注意管理自己的情绪,还注意管理学生的情绪,但每个教师存在个体差异。这是因为教师的情绪觉察能力和情绪劳动能力与教师的个性相关,也与教师的情绪智力密切相关。情绪智力是指"人以情感为操作对象的一种能力"(卢家楣,2013:53),操作内容包括观察、理解、体验、调整、表达、预见、评价、传递等。在实际参与课堂教学的观察中发现日本大学汉语教师的情绪智力较高,他们善于觉察学生的情绪,更善于移情地理解学生的情绪,会设身处地地从学生的角度出发感受学生的情绪,也善于调整自己的情绪,以免自己的情绪被学生的情绪所牵制。教师会依据教学内容、课堂情境、学生的情绪状态适当地表达情绪,并科学预测、评价情绪表达的效果,最终使得学生乐于接受。Morris 等(1997)将"情绪劳动"定义为有计划、有目的、有意识地控制表达组织期望的情绪。对于教师而言,情绪感染就是有意识、有计划地表现教育目的或培养要求所期望的情绪,达到教学效果最大化的目的。教师的情绪劳动水平真正影响到了教学效果。他们没有翻转课堂,没有"金课",甚至没有使用 PPT,而是依靠情绪劳动去感染学生,并取得良好的教学效果。

这种情绪的作用有理论依据。"情感事件原理"(affective events theory,AET)认为正性或负性工作情境可以被视作情感事件,它会影响员工的情感、态度和行为。AET 在上下级关系研究中有两个意义。一是领导可以减轻负性情感事件对员工的反应和业绩的影响;二是领导的行为,包括他们的情绪表达可以作为"情感事件"对员工产生影响(Dasborough,2006;Johnson,2008),而且领导能够有意识地操控自己的情绪表达来激发出他们期望获得的员工反应(Mio et al.,2005)。同样,教师的情绪表达对于学生来说也是情感事件,它会影响学生的情感、态度和行为,教师有能力减轻负性情绪(如厌倦)对学生学习的影响,也同样可以有意识地操控自己的情绪表达来激发出教师所期望的学生反应。

卢家楣(2013)指出教材是"三大教学情感源点"中很重要的一个,教师应该有意识地提高自己对教学内容的情感处理策略。首先是教师如何巧妙地组织教学内容来调节学生的学习心向。其次是教师如何有效地利用教学内容中的情感资源来陶冶学生的情操。教师除了提高自身的情绪劳动水平外,还应该从教材内容、学生心理状态入手操控学生的意识性调节模型,使教师的情绪感染力、语义情绪信息、学生自身的心理状态处于最佳和谐状态,引领学生处于最佳的学习情绪状态。此种观点一方面说明中国学者也认识到了情绪在语言学习中特别是成年人外语学习中的作用,另一方面也证明了日本大学汉语教师在教学过程中重视情绪表达的科学性。

二、坚持以学生为主体,重视激发学生的主动学习能力

日本的文部省没有像中国的教育部那样重视文科教学,不断推陈出新,倡导教学改革;也没有在文科教学中投入多少财力,安倍晋三上台后一度提出在帝国大学取消文科专业。在这样的背景下,汉语教学地位不可能和英语教学相提并论。可想而知,大阪大学、樱美林大学等大学虽然开设了汉语专业,但是也不可能有多少经费投入汉语专业,让汉语专业教师去开发翻转课堂、微课、教学应用程序(App)和虚拟教室。它们只能依靠教师个人的教学能力去提高教学效果。

(一)词汇教学注意引导、启发

日本的大学汉语教师不会花太多的时间去讲解词语的意义和用法,尤其是拓展近义词的用法;也不会拘泥于课文中出现的新词汇,而是从初级阶段开始就非常注重激发学生的兴趣,激发学生的主观能动性,坚持在学中用、用中学的原则,选择学生感兴趣的关键词,诱导学生去思考,去联想,去寻求日汉两种语言词汇间及日语本身词汇间的相似联系、相似匹配。在词汇学习过程中,充分地运用联想以最大限度地激活各类词汇的相似联系是掌握整个词汇家族的关键。激发大脑,从而使大脑中存储的信息和目标相关的相似信息相对集中起来,成为相对集中的信息块,即相似块。平时被积存在意识仓库中而处于静态结构,一旦受到外界相似信息的诱发、刺激,原来混沌着的"相似块"就会有序地与之匹配,从而使原有的相似块不断扩大。如现代年轻人都喜欢宠物,教师在课堂中问学生喜欢什么宠物,然后根据学生的兴趣,将他们分组,再让小组讨论归纳与宠物相关的词语和喜欢的理由,使用这些词语组成词组或造句。因为学习的内容学生喜欢,所以学生的情绪就能被激发到最高点,本来枯燥的词汇学习就变得有趣,效果自然就好。在对教师的访谈中,多位教师表示在日常小测验或期末考试中,学生对词组的记忆率较高。又如在学习汉语动词"吃"时,老师会举出"吃父母""吃食堂"之类的例子,日语没有相应的说法,从而激发学生的好奇心,去联想汉语和日语中与"吃"相关的词汇,从而达到相关词汇积累的最大化。

日本大学汉语词汇教学比较符合中国外语教学的认知功能教学法,王丽媛等(2012)将认知功能教学法的基本原则概括为:①以学习者为中心,倡

导主动学习,学习外语不是被动地接受而是主动地认知的过程;②教师的责任在于为学习者提供有效语料,引导其认知语言规则;③输入过程的认知化;④教学中贯彻对比的方法;⑤认知过程中归纳的方法。认知功能教学法总体上采用的是探索性的归纳法。

(二)课文教学注重情景体验

多数教师不单独进行词汇教学,而是偏向于在课文讲解中穿插词汇解释。有的课本甚至没有生词表,仅教师在课文的教学中附带词汇教学,强调在语境中记忆词汇。日本教材的编著者多喜好编写可以体现中日文化差异的课文,而生词主要以课文为导向,因此在词汇与课文教学的心理引导上可以体现较强的一致性。如在学习介绍中国年轻人婚姻状况的课文时,教师会首先引导学生谈谈自己的恋爱体会,理想的结婚对象,父母对自己的干涉等。通过这一课堂活动激起学生了解中国年轻人婚恋状况的兴趣,介绍相关词汇(如"相亲""婚礼"),引入课文时就更容易调动学生的学习积极性,与学生达到"心境一致性";同时,在课堂上准备一些中国婚礼,或者公园里的父母相亲角的图片,让学生更加直观地感受中国的社会文化,感受文化差异,进而更好地理解课文内容。同时,由于课文内容本身也反映了中国的社会现状,对于学生与中国人聊天时学以致用又起到了直接的话题提供作用(或称桥梁作用)。又如,教师在讲授北京的旅游景点"长城"时,会给学生展示或分发一些带有长城图案的小物品,有时是食物,有时是小工艺品。这一自然导入能增加学生对于长城的亲近感。又如中国的中秋节多在日本新学期前夕,教师会在开学伊始给大家分发一些月饼,让学生不仅通过视觉、听觉,还通过触觉、味觉来感受中国的中秋节。这样既可以满足学生的体验需求,又可以满足学生的文化需求。

部分教师还要求学生在朗读课文时加入感情,模拟现实会话的语气,这样既能活跃课堂气氛,又能有效地让学生理解课文的使用情境,体会课文主人公的情绪与心理,使得学生与课文达到"心境一致性"。

(三)语法教学及课后练习重视操练

在中国的外语教学中,教师通常会举例详细讲解新的句型、句式的用法,有的教师还会分析句式相近表达的区别。日本出版的汉语教材语法解释非常简单,课堂上也几乎看不到教师详细讲解语法,对新的句式、词语的用法的说明也只是点到为止,不展开。语法教学基本上以课堂活动的形式展开,让学生在课堂上大量操练,反复朗读,相互之间进行会话练习,以增大学生的语言输出量。强调学生应用能力的培养和开放、自主、个性化的思维方式,强调师生互动和生生互动,让学生在活动中发现使用了什么语法规则,课堂的座位安排是以小组活动为单位,三四个学生面对面坐在一起讨论,完成教师布置的活动,教师只是组织、引导。教师最后做总结时,如果哪个学生有不同观点,不用举手,也不用拘束,可以直接大声说出自己的看法,师生间如同朋友,老师也乐意被打断,这充分体现了师生平等互动的友好氛围。显然,这种"以能力为本位"的语法教学活动,教师把语法的课堂教学作为学生语言综合素养的一部分进行,而不是传授系统的语法知识。

教师设计活动时,注意唤醒学生的心理真实想法,注意唤醒学生重新认识自己、观察自己的生活,将学生置于交际语境。在学习汉语假设复句时,教师首先给每组学生发一张精心准备的卡片,话题不同,有"如果我有一千万""如果明天不上课""如果妈妈打算送我一只宠物"之类。选择话题一定是年轻学生感兴趣的,由此也说明教师平时非常重视研究学生的心理,对年轻学生有充分的了解。学生可以根据自己对这些主题的认知,随意表达自己的想法。接着,教师集中大家的观点,把每组有用的信息写到黑板上或打到 PPT 上,这样每一组的学生都特别开心,因为他们的想法得到了老师的认可,能力得到了一定程度的赏识。教师一边让同学猜猜是谁的想法,一边有意识地提高学生假设复句的运用能力。整个课堂似乎很随意,但教师始终把握着提高学生语法能力的方向,各项活动的设计完全围绕着"能力本位"的教育思想而展开。

日本大学的汉语教师普遍注意一点:教师尽可能少说,多启发、引导学生思考、表达,即传统的"精讲多练"。让学生在课堂有存在感,有成就感。增加学生的参与度,让学生有一个思考、修正的过程。从笔者的调查统计来看,大学汉语课堂教学中大部分教师说话的时间与学生说话的时间基本持平[1],每名学生一节课中回答问题不少于两次,学生开口率较高。课堂气氛基本比较轻松,教师注意保持亲和力,不断调节自己和学生的情绪,做到课

---

[1]　笔者实施的一项问卷调查显示,在"教师说话的比例占整个课堂时间的比例"一题中,有 6% 的教师选择 20% 以下,76% 的教师选择 50%,17% 的教师选择 70%,1% 的教师选择 90%。

堂气氛与课文一致、学生情绪与教师一致,体验学习,快乐学习。张德琇(1983)认为,"学校教育中,教师须引导学生自己探索新境界,自己去追求新知识,自己去发现新的原则原理;这乃是启发创造性思维与培养创造能力的必要途径",以及"在教学方面,教师要安排适当的情境,引导学生思考学习,而非仅只通过感官学习;要引导学生考虑问题,或大家讨论,而非专事模仿,或机械记忆;要将学生引向自己探索发现的道路,而非完全接受教师的传授"。日本大学汉语教学实践也验证了这一观点的正确性。

第五节　教材分析

一、传统纸质教材

近年,伴随世界范围内的汉语学习热潮,各类汉语教材层出不穷。据中山大学"全球汉语教材库"数据,截至 2020 年 10 月,在库汉语教材已达 16000 余册(种),有 10000 余册(种)实体教材。我国对外汉语教材的编写已有 60 多年的历史,"教材编写出现了国别化、多媒体化、多元化的特征",但"国别化教材较少""中外合作不够"。中国出版的教材主要由北京语言大学出版社、北京大学出版社、上海外语教育出版社这三家出版社出版。在出版了几套经典教材以后,近年新的语言类教材出版不多,但介绍中国社会文化的教材明显增加。同时,国外也不断有汉语教材面世。据笔者调查,各国对于汉语教材编写的热度不一,基本是亚洲热,欧洲冷。其中,日本出版汉语教材数量比中国出版的数量还多,可算世界第一。据津田(2010)统计,1978—2008 年日本累计出版汉语教材(包括课堂用教材和课堂外教材)2100 种以上。2000 年以后,日本每年发行汉语教材 100 种以上。与中国出版的汉语教材相比,日本出版的汉语教材整体难度较低,重视文化介绍,并配有生动有趣的插图。日本出版的汉语教材,可以说都是"国别化"教材,且纵观这些名目繁多的教材,大部分是中日合作编写,也实现了"中外合作"。日本出版大学课堂用汉语教材的出版社主要有:朝日出版社、白帝社、骏河台出版社、好文出版、白水社、郁文堂、金星堂、三修社、光生馆。这 9 家出版社于 2008 至 2019 年间出版大学课堂用汉语教材 697 种,平均每年出版教材近 60

种(数据由笔者统计各出版社官网数据而得)。其中大部分为初级教材,中级教材仅 140 册,占总数的 20.1％,没有一本高级教材。详情如表 2-12 所示。

日本每年出版很多种汉语教材,但大部分只有自己学校使用。笔者打开所有 28 所开设汉语专业大学的主页,查阅了其汉语课程的教学大纲,统计出所有汉语课程共使用教科书 936 册,而其中使用频率大于 2 次的教材仅有 146 册,其中选用频率最高的为《时事汉语教科书 2019 版》,共被使用 15 次[①]。

针对日本的汉语教学及日本出版的教材,已有学者进行过相关研究。张英(2001)考察了 1998 年日本 8 个主要汉语教材的出版社出版的 9 种汉语初级教材,统计了这些教材的生词总量和语法点:生词总量一般为 161～510 个,语法点为 56～77 个。认为由于各个大学教学目标不同,日本教材的难度差距明显,缺乏统一标准。"许多标明为初级教材的课本,其难度差距很大。这种难度差距,既表现为词汇和语法点的量的差别,也表现为词汇和语法点所处水平等级的差别。"

研究评价教材的方法也有许多,不同的学者观点不一致。如:Cunningsworth(1995)提出了分析教材的四个原则:第一,教材要和教学目标紧密相连;第二,要明确语言是学习的目的,要对提高学生的语言运用能力有明显的帮助;第三,要以学生为本,能满足学生的学习需要;第四,合理平衡语言、学习课程和学习者的关系。教材评价内容之一就是教材的编写方法。赵金铭(2009)认为:汉语教材,首先应该区域化、类型化;其次,应该多样化、多元化;最后,还应该本土化、个性化。

结合本书实施的问卷调查数据可以看出,日本大学的汉语课程多使用本土教材,汉语专业会使用中国出版教材。汉语教学规模较大的学校,偏向于使用本校教师自编教材(包括正式出版的教材和随课堂发放的复印资料)。由此可见,在教材满意度方面,教师对于所使用教科书普遍比较认可,这与日本教材种类多、可选择性强有关。再者,学校、教师有选择教材的自由,他们基本可以根据学校、学生的水平,教师自身的喜好选择教材,从源头上降低了对教材不满意的发生率。不满意的原因主要集中于不结合本国实

---

① 该系列教科书每年出版 1 册,同系列的 2018 年版被选用 2 次。因为本调查主要查阅的是 2019 年的教学大纲,所以选用 2019 年版该教材的次数较多。

表2-12 9家出版社出版汉语教材分级统计

数量/种

出版社	水平		2019	2018	2017	2016	2015	2014	2013	2012	2011	2010	2009	2008	2008年前	合计
朝日出版社	初级	入门(初综)	5	3	5	5	4	5	6	5	3	3	5	2	39	90
		初级语法	1	1	0	1	1	2	1	0	0	1	1	0	14	23
		初级会话	2	2	1	2	1	1	2	2	1	5	1	2	19	41
		初级作文	0	0	0	0	0	0	0	0	0	0	0	0	2	2
		初级听力	0	0	0	0	0	0	0	0	0	0	0	0	5	5
		初级合计	8	6	6	8	6	8	9	7	4	9	7	4	79	161
	中级	中级	2	3	2	3	2	5	3	3	3	3	1	4	23	57
		中级时事	2	0	1	1	0	0	1	0	0	0	0	0	6	11
		读 物	1	1	1	1	1	1	0	0	0	0	0	0	7	9
		中级合计	3	1	2	3	1	1	1	0	0	0	0	0	14	26
	合 计		13	10	10	14	9	14	13	10	7	12	8	8	116	244
白水社	初级		0	1	0	1	2	1	0	1	0	0	1	2	15	24
	准中级		1	0	1	0	0	0	0	1	0	0	0	0	4	7
	中级		1	0	1	0	0	0	0	0	0	1	0	0	5	7
	合 计		2	1	2	1	2	1	0	2	0	1	1	2	24	38
骏河台出版社	初级		0	4	1	6	2	4	5	10	5	5	5	7	0	52
	准中级		0	0	1	0	0	0	0	0	0	0	0	0	0	2
	合 计		0	4	2	6	2	4	5	10	5	5	5	7	0	54
郁文堂	初级		1	2	2	2	2	4	5	2	3	4	4	2	7	33
	初中级		0	0	0	1	0	0	0	1	0	2	1	0	4	6
	中级		0	2	0	1	0	1	1	1	0	0	1	2	1	11
	合 计		1	2	3	2	2	5	5	4	3	6	5	4	12	50

续表

出版社	水平	2019	2018	2017	2016	2015	2014	2013	2012	2011	2010	2009	2008	2008年前	合计
金星堂	中检1级	0	0	0	0	0	0	0	0	0	0	0	0	2	2
	中检2级	0	0	0	0	0	1	0	0	0	0	0	0	5	6
	准中级中检3级	2	1	1	0	1	1	0	0	0	0	0	3	8	17
	初级中检4级	1	1	2	0	3	0	0	1	2	0	1	2	10	23
	入门中检准4级	0	0	1	0	1	1	0	0	0	1	1	1	4	10
	合　计	3	2	4	0	5	3	0	1	2	1	2	6	29	58
好文	初级	2	1	2	1	0	1	2	0	0	3	0	0	11	23
	初中级	0	0	0	1	0	0	0	0	0	0	0	0	1	2
	中级	0	1	0	0	0	0	0	0	2	0	1	0	10	14
	合　计	2	2	2	2	0	1	2	0	2	3	1	0	22	39
出版社	初级	0	2	0	0	1	0	1	0	0	1	0	1	7	13
	初级后期·中级	0	2	0	0	1	0	0	0	0	0	1	1	6	11
	合　计	0	4	0	0	2	0	1	0	0	1	1	2	13	24
株式会社	初级	0	0	0	0	1	0	0	1	0	0	1	0	11	14
光生馆	初级	0	0	1	0	0	0	0	0	0	2	0	0	10	13
	中级	0	0	1	0	0	0	0	1	0	0	1	0	11	14
	合　计	0	0	2	0	0	0	0	1	0	2	1	0	21	27
白帝社	初级	5	2	3	5	5	5	7	6	14	6	6	3	37	104
	初中级	0	0	0	0	0	0	0	0	0	2	0	0	7	9
	中级	0	0	2	2	2	1	5	4	1	0	2	2	29	50
	合　计	5	2	5	7	7	6	12	10	15	8	8	5	73	163
合　计		26	28	29	32	27	34	34	38	34	39	32	34	310	697

际,不符合现实情况。从老师们自行列出的不满意的理由也可以看出,日本出版的汉语教科书过于简单,汉语课程无明确的教学目标,是制约日本汉语教学发展的主要因素。另外,有错字、字词缺乏系统性、练习题的陈列方式,以及录音的错误,也体现了日本出版的汉语教科书数量虽多,但水平参差不齐,部分教材编写缺乏科学性的问题。"编写任何类型的教材都要讲究科学性,编写对外汉语教材也不例外。"(李泉,2017:196)

(一)日本汉语教材特点

通过对比分析发现,日本的汉语教材具有以下特点。

1.教材编写重视情绪记忆

日本汉语教材编写时考虑了有助于学生情绪记忆的因素。情绪记忆是指人们对体验到的、有情绪意义的刺激(图片或声音)、事件或场景等的记忆,在大脑中记忆更加深刻。日本汉语教材的编写非常注意唤醒学习者的情绪,尤其注意唤醒学习者的积极情绪。唤醒情绪的方式主要通过以下几种形式。

(1)插图唤醒

许多科学家都曾通过实验证明插图唤醒这种唤醒度与情绪记忆的关系。Dolcos 等(2002)曾做过脑电实验,通过在编码期间记忆事件的相关电位(ERPS),发现情绪刺激的相继记忆效应比中性刺激更快。"被记住的"和"被遗忘的"两类项目再编码时的生理活动的差异称为 DM 效应。情绪刺激有一个早期的 DM 效应,表现在刺激呈现后的 400~600 毫秒,情绪刺激和中性刺激相似的 DM 效应则发生在晚期的 600~800 毫秒。情绪刺激更早的 DM 效应表明,情绪刺激的记忆优势在早期的编码阶段就体现出来了,情绪性信息优先获得了认知资源。

日本出版的汉语教材都非常重视插图,如郁文堂(Ikubundo)出版的《快活中国语(1)》全书 120 页,30 页有插图,其中课文插图 28 页,练习插图第 2 页。插图契合课文,能够很好诠释课文主题,吸引学生,如第 108 页课文标题是"新年快乐",插图就画着不同年龄层次的人物都面带欢乐的表情,穿着喜庆的衣服,还有临近新年的倒计时,3、2、1 三个数字非常形象、生动地描述了中国新年的情景。这种过年场景对于日本学生来说是新奇的,自然就会刺激学生产生积极情绪,刺激学生产生强烈的学习愿望,课文的内容自然也会更容易记住。日本汉语教材的插图非常注重美感,情景栩栩如生,无论是人物还是背景,基本上都采取漫画的形式,画面感极强,颜色以浅红、黄、绿等暖色搭配为主。

同时,在视觉呈现方面,日本汉语教材中的字体设计采用大小结合的方式,课文的字体通常会大一些。比如,朝日出版社的《汉语,我爱你》中课文的主要内容都是采用三号字,注释采用四号字,练习采用五号字,再配上有层次感的淡红色,既不刺眼,又能吸引学生,让学生感觉舒适。这种设计极易唤醒学习者的愉快情绪,提高记忆效果。

(2)词汇唤醒

高情绪唤醒词比中性词在再认时的成绩更好(Labar et al.,1998;Sharot Phelps,2004)。研究者在实验中发现,当要求被试者完成一个视觉搜索任务时,相比中性词"大米"或"白菜",高情绪唤醒词"蛇"或"蜘蛛"能更快地在众多刺激中发现情绪刺激(Ohman et al.,2001)。负性唤醒词在分散注意条件下的记忆成绩好于负性非唤醒词和中性词(Kensinger et al.,2003)。而负性非唤醒词和中性词的记忆成绩相似也说明了唤醒度决定了记忆成绩的高低。相比非情绪词,人们也更加快速地转移注意力到情绪词的位置(Stormark et al.,1995)。

笔者曾统计2013—2014年日本出版的13种初级汉语教材的词汇,平均每种教材出现的词汇总数为488个;统计2010—2019年10年间日本出版的15本中级汉语教材,平均每本教材的词汇总量为364个。虽然各教材的词汇总量差异较大,且超纲词多(下文将会详细说明),貌似词汇编排缺乏科学性,但笔者发现日本汉语教材在词汇编排中,特别注意情绪词和中性词的合理分布,这说明教材编写者在编写课文时考虑了学习者的心理因素。每一篇课文中新出现的词汇大部分是情绪词,特别是在初级汉语教材中没有一篇完全以中性词为主的说明文,也没有以历史人物为主的人物传记体文章。同时,课文中也不会出现过多情绪词,这是为了避免过度刺激,产生记忆疲劳,从而影响学习者的记忆效果。采用情绪词与中性词比例分布的方式,做到有张有弛,让学习者处于愉快的词汇学习中。容易记住新出现的词汇,特别是唤醒度较高的情绪词汇,有成就感,产生学习课文的欲望。从这个角度看,日本汉语教材在词汇的安排上是科学的。

(3)课文内容安排上注意和学习者的心境一致性

人们在开心时都会回忆一些愉悦的事,心情沮丧的时候就会回忆起一些痛苦、伤心的事。情绪状态和记忆内容会交互产生影响。人们一般都会回忆起和心境一致的内容,就是常说的"心境一致性效应"。同时,也有学者提出了"情绪一致性记忆"(emotion congruent memory),个体经历一种特殊的心境或情绪后,当他们有选择地接触、回忆情绪相关联的材料时,一般会以相同的心境来解释这种经验。也就是说,积极的情绪能易化积极信息的加工和回忆,消极的情绪易化消极信息的加工和回忆(Rusting,1998)。本书不考虑学习者情绪的唤醒度和效价,因情绪和心境的意义相似,将情绪一致性等同于心境一致性。

心境一致性对于记忆的促进作用也在许多科学研究中得到证实。有研究发现人们在学习与回忆时,心境一致时的回忆成绩会好于不一致时的回忆成绩。在一项研究中,研究者要求被试者回忆高兴或悲伤的情绪经历来诱发其不同的心境,然后让他们分别记忆表示高兴或悲伤的词语,结果发现,当编码与回忆时的心境一致时,他们的记忆成绩会显著好于不一致时的成绩(Blaney,1986)。Beck(2002)指出这种现象是与人的认知相关的,认知包括浅表的自动加工和深层的认知结构(即认知图式)。认知图式是在个体的过去经验中形成的,是个体关于自己和世界的总的信念和假设。认知图式一旦形成就能支配个体的信息加工过程,个体只对与自我已有图式相关的信息产生快速反应。因此,与图式相关的信息更易于得到精细加工,从而与记忆中的其他信息联系得更好。认知图式理论认为,心境也能像图式一样对信息选择、组织和精细加工产生影响,与心境一致的信息更容易被注意到,更可能与情绪相关的事实发生联系,也更能得到精细加工,因此,记忆成绩越好。

"语言教材一般都是由词汇、句型、课文和练习等部分组成的,其中课文通常作为教材的主体。它为语言教学提供了一个特定的语境,围绕这个语境,把语言部件、语言结构、语言功能及语言所包含的文化因素等融为一体。"(李泉,2006)课文是教材的主体,教材编写首先应当考虑的就是所选课文的内容,以及内容的编排是否有益于学习者学会、掌握并使用。对于日常使用汉字的日本汉语学习者来说,汉字教学不是问题,因此,课文内容的选择与编排就显得尤为重要。笔者通过分析收集到的汉语教材中的课文发现:日本汉语教材编排的课文多为会话形式,基本上都有完整的语境,富有画面感,内容都是有血、有肉、有情感的存在。通过教师的课堂教学,非常容易将学习者带入课文的情景,使得学习者不自觉地就成为课文中的某一角色,伴随着角色的心境起伏,达到心境一致性的效果,从而提高记忆水平。如朝日出版社出版的《汉语,我爱你》第44页中的一节会话。

智美:惠梨,下午我去商店,你去吗?

惠梨:今天很热,我不去。

智美:没关系,商店里有空调。

惠梨:今天我有点儿累。

智美:好吧,你好好休息。

虽然只有短短的几句话,但是却勾画了一幅完整的画面,有情节,有转折,有起伏。学习者很容易进入画面,体验惠梨和智美的心境,自然习得这一段话,而且还能置身于情景中去想象,去拓展自己的语言表达。据统计的教材来看,除了初级入门开始的3—5课是简单的日常生活中的语言表达,95%的课文题材都注意能否将学习者带入课文情景,体验课文中人物的心境,在情景中学习。

2.教材编写没有统一的指导大纲

中国国内的教材特别是专业教材都会依照某一全国性教学大纲编写,在前言中没有说明是依照教学大纲编写的教材很难被采用。但是,就统计到的日本汉语教材来看,除了少部分明确标注以HSK二级或日本的中国语检定三级为学习目标以外,大部分没有明确是以什么教学大纲为原则编写的。下面分别选择中国和日本出版的初级汉语教材,比对新HSK大纲(一、二级),具体考察其词汇量、语法条目数量方面的特点。

北京语言大学出版社可以说是中国出版对外汉语类教材最多的一家出版社,近年来无论是语言教学类还是文化介绍类教材,都有新品问世。朝日出版社是日本现在最大的一家汉语教材出版社,在教材难度等级的划分上也相对细致、严格。笔者分别选取中国北京语言大学出版社2012—2014年出版的使用率较高的初级汉语教材4套(共8册),2013—2014年日本朝日出版社出版的初级汉语教材13册(注:中国出版的汉语教材数量比日本出版的汉语教材数量少,为了尽量保持中日教材数量上的对等性,中国选取2012—2014年出版的教材,日本则选取2013—2014年出版的教材),具体考察其词汇量、语法条目,以及其中包含的中日文化元素。本书按每周1次课③使用1年,每周2次课使用个学期的内容量为标准进行挑选,筛选出

2013—2014 年出版的汉语初级教材共计 13 本(2013 年 6 册、2014 年 7 册)。对这 13 本教材的课文总课数、课文会话情景设定地点、课文长短、单词数量、语法条目数量、中日文化的介绍进行具体数据统计,并通过这些数据分析最新的日本初级汉语教材的特点,指出其优点及不足。具体书目如表 2-13 和表 2-14 所示。

表 2-13   中国出版教材书目

序　号	教材名	出版时间	编　者
1	发展汉语 初级口语Ⅰ(第二版)	2012 年 3 月	王淑红 等
2	发展汉语 初级口语Ⅱ(第二版)	2012 年 7 月	王淑红 等
3	新概念汉语 1	2012 年 4 月	崔永华 主编
4	新概念汉语 2	2013 年 2 月	崔永华 主编
5	尔雅中文 基础汉语综合教程 1	2013 年 8 月	全军 主编
6	尔雅中文 基础汉语综合教程 2	2014 年 1 月	全军 主编
7	HSK 标准教程 1	2014 年 1 月	姜丽萍 主编
8	HSK 标准教程 2	2014 年 1 月	姜丽萍 主编

表 2-14   日本出版教材书目

序　号	教材中文名	日文原名	出版年份	编　者
1	朋友汉语	フレンズ中国語	2013	千葉謙悟、熊进
2	大学一年级的应试汉语	大学一年生のための合格る中国語	2013	范建明、小幡敏行
3	实用汉语(初级)	実用中国語(初級編)	2013	崎原麗霞
4	随时随地学汉语	いつでも中国語	2013	成田静香、田禾 等
5	汉语花开	花咲く中国語	2013	三宅登之、张国璐 等
6	学习汉语	学ぶ中国語	2013	王亚新、刘素英
7	记住汉语吧	おぼえチャイナ	2014	八木章好、邝丽媚
8	新基础汉语	新基礎からの中国語	2014	吴悦、张国璐、加固明子
9	不断进步学汉语	ぐんぐんのびる中国語	2014	何珍时

序　号	教材中文名	日文原名	出版年份	编　者
10	挑战！一年级汉语	チャレンジ！一年生の中国語	2014	南勇
11	汉语之旅	中国語の旅	2014	張勤
12	马上就用——简单汉语	すぐに使えるカンタン中国語	2014	宫本大辅、温琳
13	中日异文化交流广场	日中いぶこみ広場	2014	相原茂、陈淑梅、饭田敦子

（1）词汇覆盖率的比较分析

1）中国出版教材

在北京语言大学出版社出版的教材中，《新概念汉语》和《HSK 标准教程》这两套是明确提出按照新 HSK 大纲编写，为 HSK 考试备考的。通过笔者统计，其词汇及语法条目覆盖率也的确远高于其他教材。具体词汇量及对新 HSK 大纲的覆盖率见表 2-15。

表 2-15　中国教材词汇总量及对新 HSK 大纲的覆盖率

序　号	教材名	单词数/个	一级词汇数/个	覆盖率/%	二级词汇数/个	覆盖率/%
1	发展汉语 初级口语 Ⅰ（第二版）	454	107	71	176	59
2	发展汉语 初级口语 Ⅱ（第二版）	566	22(129)	86	44(220)	73
3	新概念汉语1	434	111	74	184	61
4	新概念汉语2	472	20(131)	87	74(258)	86
5	尔雅中文 基础汉语综合教程1	160	71	47	105	35
6	尔雅中文 基础汉语综合教程2	377	61(132)	88	126(231)	77
7	HSK 标准教程1	208	150	100	158	53
8	HSK 标准教程2	195	0(150)	100	138	99
	平均值	353	126	84	196	65

在本次调查的8种教材中,词汇总量最多的为566个,最少的为160个。按照出版年份观察,可发现较新出版教材的词汇总量呈下降趋势。但与日本出版的单册教材不同,中国出版的教材基本为系列教材,因此教材的词汇量也有一定的连贯性,在第一册出现过的生词不会再被列为第二册的生词。8种教材对于新HSK大纲一级和二级的平均覆盖率分别达到了84%和65%,而对新HSK大纲覆盖率最高的《HSK标准教程1》和《HSK标准教程2》则分别达到了100%和99%。

2)日本出版教材

日本每周1次课使用一学年的初级汉语教材一般都要求达到"中检"四级水平,而新HSK三级的词汇量基本与中检准四级的要求相当,也就是说相当于新HSK三级的词汇量。在本书调查的13种教材中,有3种教材写明要达到中检4级水平,有1种写明可达到新HSK二级水平,另有1种写明参照新HSK大纲和"中检"大纲编写。日本的"中检"大纲只规定了要求掌握的词汇量,并未列出具体的词汇和语法点列表。而新HSK大纲却有具体的等级词汇和语法点列表。为此,本书仅统计并计算13种教材的词汇量及语法条目对于新HSK大纲(一、二级)的覆盖率。具体数据如表2-16所示。

表2-16　日本教材词汇总量及对新HSK大纲的覆盖率

序　号	教材名	单词数/个	一级词汇数/个	覆盖率/%	二级词汇数/个	覆盖率/%
1	朋友汉语	647	129	86	215	72
2	大学一年级的应试汉语	471	76	51	154	51
3	实用汉语(初级)	139	30	20	50	17
4	随时随地学汉语	526	122	81	207	69
5	汉语花开	624	114	76	197	66
6	学习汉语	351	83	55	136	45
7	记住汉语吧	668	137	91	236	79
8	新基础汉语	353	144	96	283	94
9	不断进步学汉语	610	114	76	195	65
10	挑战！一年级汉语	447	115	77	193	64
11	汉语之旅	670	124	83	201	67
12	马上就用——简单汉语	174	47	31	93	31
13	中日异文化交流广场	665	116	77	200	67
	平均值	488	104	69	182	61

　　调查的 13 种教材中词汇总量最少的仅为 139 个,而最多为 670 个,平均词汇总量为 488 个,教材的个体差异明显。13 种教材对于新 HSK 大纲一级词汇的平均覆盖率为 69%,二级平均 61%。其中,《新基础汉语》写明教学目标为"达到新 HSK 二级水平",该教材对新 HSK 大纲一级、二级词汇的覆盖率的确最高,分别达到 96% 和 94%。覆盖率紧接其后的是《记住汉语吧》,一级、二级词汇的覆盖率分别达到 91% 和 79%。第三名为《朋友汉语》,一级词汇覆盖率达 86%,二级词汇覆盖率达 72%。而另外一种写明参照中检和新 HSK 大纲编写的教材《随时随地学汉语》,一级、二级词汇的覆盖率仅为 81% 和 69%。

　　综上,笔者将中日出版教材词汇量及覆盖率的对比情况总结列于表 2-17。

表 2-17　中日出版教材词汇量及覆盖率对比

教材＼项目	词汇总数/个	一级词汇覆盖率/%	二级词汇覆盖率/%
中国出版	353	84	65
日本出版	488	69	61

　　由表 2-17 可以看出,中国出版教材的词汇总数少于日本出版教材的,但对于新 HSK 大纲一级、二级的覆盖率却高于日本出版教材的。造成日本出版的汉语教材对新 HSK 大纲词汇覆盖率偏低的原因首先是汉语和日语本就有许多中日同形词,这些词汇对日本学生来说也可以不算作生词,其次是其教学目标不明确。除此以外,还有一个重要原因是为了更多地融入中日文化介绍。笔者对照了中日特征词汇与教材词汇总量,发现特征词汇的数量与教材词汇总量基本成正比。要想突出中日文化的差异,提高日本汉语学习者的兴趣,词汇量及语法点就不可控制地随之增加了。日本出版的教材编写本身缺乏大纲依据,又需要提升趣味性,因此造成对新 HSK 大纲覆盖率低这一现象。

　　前文提到的对新 HSK 大纲词汇覆盖率最高的教材《新基础汉语》中体现的中日文化元素仅为一个,该教材词汇总量较少,为 353 个。而覆盖率第二高的《记住汉语吧》的词汇包含 19 个中日文化元素,而词汇量大幅增加,达到 668 个。既要提高生词对新 HSK 大纲的覆盖率,又要增加文化元素,只能通过增加词汇量来实现。另外,以日本为课文会话发生地的教材中含有大量介绍日本社会文化的内容,而这部分词汇是不可能出现在新 HSK 大纲里的,这也使得日本教材生词对新 HSK 大纲覆盖率低这一问题更加突出。

(2)语法条目覆盖率的比较分析

前文就中日出版教材的词汇量与新 HSK 大纲进行了比对,本节对所调查教材中的语法点数量及对于新 HSK 大纲的覆盖率进行统计分析。新 HSK 大纲中对于各级要求掌握的语法点有具体列表,只是不像词汇列表直接标明总数。由于语法列表是先将语法点分为一些大类条目,然后在这些大类下面列出语法点,有时会出现重复。如"谁、哪儿、什么"等既在"代词"条目中出现,又在"疑问句"条目下出现。因此,笔者在统计新 HSK 大纲语法点数量时将重复部分进行整合,只计数 1 次。笔者统计得出新 HSK 大纲一级语法条目有 34 个、二级语法条目有 73 个。

首先统计中国出版教材中的语法条目总数及对新 HSK 大纲的覆盖率(见表 2-18)。

表 2-18　中国出版教材的语法条目总数及对新 HSK 大纲的覆盖率

序　号	教材名	语法条目/个	一级语法条目/个	覆盖率/%	二级语法条目/个	覆盖率/%
1	发展汉语 初级口语 Ⅰ(第二版)	42	16	47	23	32
2	发展汉语 初级口语 Ⅱ(第二版)	38	18	53	37	51
3	新概念汉语 1	26	8	24	9	12
4	新概念汉语 2	36	19	56	29	40
5	尔雅中文 基础汉语综合教程 1	45	30	88	34	47
6	尔雅中文 基础汉语综合教程 2	44	32	94	63	86
7	HSK 标准教程 1	39	21	62	33	45
8	HSK 标准教程 2	42	16	47	23	32
	平均值	38	18	53	37	51

　　《尔雅中文》语法条目的覆盖率远超《HSK 标准教程》的,《尔雅中文》第二册对一级和二级语法条目的覆盖率分别达到了 94％和 86％。笔者所调查的 8 种教材,平均每册语法点为 38 个,对一级和二级语法条目覆盖率分别为 53％和 51％,远低于词汇覆盖率。

　　本书调查的 13 种教材中,语法条目总数最多的为 79 个,最少的仅为 43 个,平均语法条目总数为 58 个。该平均值介于新 HSK 大纲一级、二级语法条目数量之间。由表 2-19 可以看出,本书调查的这 13 种教材对于新 HSK 大纲语法条目的覆盖率整体偏低,一级语法点覆盖率平均仅为 48％,一级语法点覆盖率超过 50％的只有 6 种,最高值为 68％,最低值仅为 26％。而二级语法点的覆盖率更低,仅有一种超过,覆盖率为 50％,平均值为 38％。相较于这些教材对于新 HSK 大纲的词汇覆盖率,语法条目的覆盖率明显更低。在这一点上,与中国出版教材的状况也是一致的。

表 2-19　日本教材的语法条目总数及对新 HSK 大纲覆盖率

序　号	教材名	语法条目/个	一级语法条目/个	覆盖率/％	二级语法条目/个	覆盖率/％
1	朋友汉语	79	23	68	37	51
2	大学一年级的应试汉语	72	20	59	35	48
3	实用汉语(初级)	64	17	50	28	38
4	随时随地学汉语	62	18	53	31	42
5	汉语花开	70	21	62	39	53
6	学习汉语	46	9	26	19	26
7	记住汉语吧	26	15	44	20	27
8	新基础汉语	48	10	29	15	21
9	不断进步学汉语	54	15	44	26	36
10	挑战！一年级汉语	63	19	56	26	36
11	汉语之旅	77	13	38	28	38
12	马上就用——简单汉语	43	12	35	23	32
13	中日异文化交流广场	48	22	65	34	47
	平均值	58	16	48	28	38

（3）小结

通过比对新 HSK 大纲一、二级词汇和语法条目,统计这些教材的词汇、语法条目上纲率,可以看出日本出版的汉语教材的词汇、语法条目对新 HSK 大纲的覆盖率较低。该结果可以说明两个问题:①新 HSK 大纲非常强调语言的实际运用,强调学习与日常生活、学习、工作相结合,实用性较高,这一点和英语的托福考试要求在原则上是一致的,语言学了不会说、不会用就失去了语言的基本价值;②日本出版的汉语教材基本上以强调实用性为原则,不按照统一的大纲编写,不千篇一律,主张教材百花齐放,以供不同的学校选择。

二、新型电子教材

随着网络的日益发达以及智能手机、平板的普及,除传统纸质教材以外,日本也出现了大量的网络汉语学习平台,汉语学习 App,这些电子学习资源增加了汉语学习者的学习方式,丰富了学习内容。与中国大学生不同,日本大学生不住在校内,每天从家到学校的时间从半个小时到两个小时不等,越来越多的学生选择在乘坐公共交通时利用智能手机学习。

目前日本的网络汉语学习平台主要有 8 个:①在线汉语学习(「オンライン中国語学習」关西大学中国语教材研究会);②汉语学习新干线(中国語学習ジャーナルChinese Station)(关西大学中国语教材研究会,为"在线汉语学习"的新版网页);③东京外国语大学语言 Module(東京外国語大学言語モジュール);④汉语达人之路(中国人達人への道);⑤"现在就来学汉语!"(「今すぐ! 中国語」,常住上海的日本人每日更新的网站);⑥"来吧,汉语"(「どんとこい、中国語」,东京 donntokoi 公司);⑦Quizlet;⑧Kaeru-life(YouTube)(刘晓玉,2020)。

这些网站都有其各自的特色。比如,"在线汉语学习"不仅有汉语数据库测试版 β(目前只能检索成语)、汉语会话讲座、四音节切换—汉语基础音节表、汉语发音标准音节表、连续播放和四音节切换—多功能汉语音节表、大阪方言汉语、日本地图等主要内容,还有搭配内容(某些字、词的常见组合)与现代汉语语料库。点击日本地图便可听到日本各都道府县的汉语发音,方便熟悉和使用。"汉语学习新干线"拥有丰富翔实的学习素材,包括街头中国人的会话、中国的流行语等。东京外国语大学语言 Module 有细致、全面的语法讲解,适合语法学习。"来吧,汉语"这一网站提供简体中文到拼音的转换、繁体中文到拼音的转换、中文到片假名的转换、拼音字体输入、简体中文到繁体中文的转换等功能,并配备多音节词典、简/繁体中文词典、简易词典,使用非常便利。同时,"来吧,汉语"还包括汉语广播、汉语歌词(1347)、歌手(253)、Windows 8 系统汉语输入的说明、无乱码主页创建、汉语聊天软件 QQ 的安装与使用说明、高尔夫词汇。此外,还包含汉语发音(音节表)汉语发音(难易程度)、汉语讲座以及汉语会话的文本。

总体看来,日本的汉语学习网站内容非常丰富,适合初学者。排版精美,文字、图形等元素排列简单易读。另外,还有许多官网有中文网页,如东京地铁、大阪地铁、迪士尼乐园等,这些也可以帮助日本的学习者自学汉语。

便于学习者使用手机学习汉语的应用也有很多。刘晓玉(2020)在 iPhone /iPad 的 App Store(应用程序商店)中共找到 39 个学习汉语的手机应用。其中,"让我们一起学习中文和韩语——LingoDeer""NHK Gogaku 语言学讲座""你好汉语—来学汉语吧""汉语之门—汉语技能""汉语单词学习闪卡""Mikan 中文""终极中文"等应用深受用户欢迎。

综上,日本的汉语学习网站及手机应用的特点可以概括为以下几个方面。

1. 内容面广,实用性强

各类汉语学习网站涵盖了单词、短语、听力、写作、发音和语法等多方面的内容。多数具有很强的实用性,注重实际交流功能,如配备有与 HSK 和汉语检测考试相一致的词汇和语法。这些应用会自动测试拼音和单词的发音及用法、简体字的书写方式等内容,判断是否保留了所学的要点,有助于知识的记忆、背诵与理解。

2. 部分网页及应用兼具教材、测试与字典功能,内容准确性高

为了支持在线网络学习,关西大学汉语教材研究会(CH-TEXT's)开发了《汉语在线·基础篇》与《汉语在线·对话篇》两款在线教材。其中,《汉语在线·基础篇》分为以下 4 个部分:正文部分(短小精悍的文章)、语法与短语(掌握语法、句型和重要短语的部分)、以"随堂练习"为主的部分语法点的后续练习、与课文内容相关的小对话。《汉语在线·对话篇》由基础表达、对话、相关表达、汉语发音标准字(从 HSK 的标准汉字中挑选出的每个音节的标准字)与练习 5 个部分组成。

3.形式富有趣味性

许多网页及应用让使用者以游戏的方式来学习汉语,可激发学习者持续学习的热情。

4.多数仅适用于初级学习者

美中不足的是,大多数的手机应用只适合初学者和新手学习,针对中高级学习者开发的应用并不多。

第六节　汉语相关研究情况

除了庞大的汉语教学规模以外,日本的汉语研究也非常活跃。有日本中国语学会和日本中国语教育学会两个全国性质的汉语研究学术组织。日本中国语学会成立于 1946 年,已有 70 余年历史,目前有会员 1040 名(数据截至 2020 年 4 月 1 日),主办会刊《中国语学》;每年 10 月下旬至 11 月上旬举办全国年度大会,2020 年举办第 70 届全国大会;下设"北海道分会""关东分会""北陆分会""东海分会""关西分会""中国分会[①]""九州分会",这些分会每年也会举办 1~3 次例会。日本中国语教育学会成立于 2002 年 4 月,目前有会员 500 余名[②](数据截至 2020 年 2 月),主办会刊《中国语教育》,每年 6 月举办全国年度大会。这两个学术组织的会刊,每年出版 1 期,在日本的汉语本体及汉语教学研究界具有较高的影响力。除了这两个影响力较大的汉语研究学术组织以外,还有中日理论语言学研究会,每个季度举办 1 次研究会,目前已举办 57 次(数据截至 2023 年 1 月)。此外,还有东亚国际语言学会、中日对比语言学会等学术组织,均会定期举办研究会。会场往往互动活跃,学术氛围浓厚。

日本每年都有大量汉语本体、汉语教育相关研究成果发表与出版。笔者以"中国语""汉语"为关键词,设定时间跨度为 2015—2019 年[③],从日本论文检索网站 CiNii 上(2015—2019 年)检索到的共计 1519 篇汉语及汉语教学

---

① 指日本的中国地区。

② 其中个人会员 486 名、名誉会员 31 名,另有 19 个会员团体。

③ 笔者于 2019 年 11 月在日本网站上搜索,论文发表起止日期为 2015 年 1 月至 2019 年 10 月。

相关论文中,有 1323 篇使用日语书写,195 篇使用汉语书写,1 篇使用英文书写。关于汉语本体(语法)研究的论文最多,共计 739 篇,汉语教学研究的论文 544 篇,文学、翻译及其他类研究论文 237 篇。由此可见,日本的汉语学者最重视对汉语本体的研究,无论是从发表论文的篇数,还是从中国语学会与中国语教育学会会员人数的差别上来看,都可以看出汉语本体研究热度高于教育研究这一倾向,而文学、翻译类论文则更少。

第七节　汉语人才需求情况

中日两国一直以来在各个经济技术领域都有交流合作。2017 年以来,日本政府对中国"一带一路"倡议的态度也由原来的怀疑、抵制慢慢转变为愿意合作共赢。据日媒报道,日本政府已经制定了参与"一带一路"倡议合作的方针,在节能环保、提升产业水平、物流三个领域积极推进中日企业开展合作。在 2018 年 10 月 26 日举办的第一届中日第三方市场合作论坛上,中日双方在交通物流、能源环保、产业升级和金融支持、地区开发四个分论坛上开展专题讨论,推动企业间务实合作与项目对接。预计今后在这几个领域对于汉语人才的需求也会增加,因此大学也应该有意识地加强针对物流、环保、金融专业学生的汉语教学。

笔者于 2019 年 11 月登陆日本最大的就职网站 Rikunabi,使用 Python 软件收集了汉语人才需求信息。2019 年 11 月共有 311 家公司招收汉语相关人才,对汉语的人才需求最多的行业领域前 5 名依次为:机械、化学、酒店、商社、软件。从行业需求来看,目前中日两国之间合作比较密切的主要为制造业、商业和软件工程领域,这种行业需求排名也反映了中日两国之间经贸活跃领域的排名。酒店业则由于中国赴日游客不断增多,近年来需求量持续增加。东京、大阪等旅游热门城市的酒店,很多都会雇佣懂汉语的员工。

从工作地点来看,最为集中的仍是东京,其次为大阪。首都圈共有 164 家公司(其中东京 147 家、神奈川 14 家、群马 3 家),关西地区 91 家(其中大阪 72 家、京都 10 家、兵库 8 家、奈良 1 家),中部地区 43 家(其中爱知 30 家、静冈 9 家、岐阜 4 家),其余地区也有零散分布。

第八节　特点与启示

一、日本大学汉语教学的特点

(一)特点

综合本书针对宏观问卷调查结果和五所大学的汉语课程的微观介绍，可以总结出日本大学的汉语教学具备以下几个特点。

1.师资方面：兼职教师多，母语教师多

日本大学的兼职汉语教师人数普遍多于专职教师人数。教师学历较高，语言学、文学专业的教师居多，在对语言的理解及研究方面专业性较高，但是对于外语教学方法的系统了解不够，教学方面专业性不强。

由于在日本从事汉语教学的中国教师人数较多（大部分为兼职），许多日本学生在入门阶段便可接触到以汉语为母语的教师。在日本大学的汉语专业教学中，普遍从一入学开始便同时配备日本本国教师和中国教师，使用同一本教科书，采用日本教师主讲语法，中国教师主讲会话的方式交叉授课。这样可帮助学生在基础阶段更好地理解语法，同时习得地道的发音。

2.课程方面：二外教学为主流，课程种类丰富

日本大学的汉语课程总体仍以二外教学为主流，汉语专业教学占比较低。多重视会话和阅读能力的培养，轻视写作与翻译能力的培养。缺乏专门用途汉语，如"商务汉语"之类的课程。但是课程种类丰富，对于中国的国学经典及流行文化皆有涉及。日本自古受到中国文化影响，且使用汉字，在日本的国语教育中也有"汉文训读"这类阅读中国古代诗词的训练，因此较之其他国家，日本的学生更容易理解中国的古典文献。

3.教材方面：本土教材使用率高，初级教材多，各类网络学习资源丰富

日本大学的汉语教学多使用本国出版教材，使用中国出版汉语教材的课程主要为汉语专业。日本的本土教材大部分为入门、初级阶段的口语教材。日本本土的初级教材水平参差不齐，与中国出版的教材相比，对新HSK大纲的覆盖率普遍偏低。教材普遍难度偏低，插图丰富，编写与排版

重视视觉效果,这也跟日本的汉语学习者多将汉语作为二外学习有关。缺乏专门用途及中高级汉语教材。

网络学习资源丰富,形式富有趣味性,但多数仅适用于初级学习者。

(二)针对性建议

针对以上特点,今后日本大学的汉语教学应注意以下几点发展方向。

1.切实加强对现有的汉语教师进行系统的汉语教学方法培训

由于日本大学的汉语教师本身已具备扎实的语言学或文学研究功底,具有较高的汉语及中国文化的理解能力,增加汉语教学方法培训的频次,扩大参加培训教师的范围,可快速提升日本大学汉语教师的汉语实用教学水平。

2.有针对性地增强对某些专业的汉语教学

目前日本大学的汉语教学以二外教学为主,但是未区分针对不同专业学习者的侧重点。因此,可根据国际社会的需求,针对未来对汉语习得者需求量较大专业的学生,适当增加一些汉语课程。

3.多编写适合日本国情及需求的中高级教材

由于日本本土教材多为入门、初级汉语教材,且多为口语教材,在日本的汉语教师应多编写中高级教材。同时,国内学者也可以与日本学者合作,结合日本国情、文化,编写贴近日本人思维习惯、兴趣点,符合其学习水平的中高级教材。这类教材可以较之国内使用的中高级教材降低一些难度,多添加能反映中日文化差异的内容,以提高日本学生学习的主动性。

二、对汉语国际教育的启示

(一)教材开发应注意中外国情的有机结合,增强教材的系统性

在国际上推广汉语,主要目的在于让世界各国的人们了解中国、了解中国文化,从而对中国产生兴趣,增加对中国的亲近感。目前我国编写的教材已越来越注重融入中国文化。但如果编写的教材内容只介绍中国文化,而未加入对象国文化,会让初学者有陌生感,加大其学习难度。因此,在编写国别化汉语教材时,应编入和对象国文化、社会、生活相关的内容。而这一点,日本的本土教材编写方式对我们有很好的示范作用。比如东京大学使用的本校教师自编汉语教材,不仅结合了日本的情况,还很好地融入了东京大学周边的生活信息,不但能激发学生的学习兴趣,而且能促进学生学以致用,在日常生活中尝试使用汉语。

应提倡中外学者合作编写教材。日本的许多汉语教材是日本教师和中国教师合作编写的,这不但可以保障语言准确,还可使教材中对词汇、语法的日文解释更便于学生理解;同时,也可使其更好地把握中日两国的文化差异,增加两国文化元素的融入。

"无论哪种教材都要以大纲或所在区域或国家的汉语能力标准为参照,编写出在同一标准框架下的针对性、个性化教材。"(姜丽萍,2018)日本的部分汉语教材在编写时以日本"中国语检定考试"的要求为标准编写,这点使得日本的汉语教材更能适应本国的考级需求。在编写其他国家教材时,也应先了解当地认知度较高的汉语语言考试及其要求,有针对性地编写适应当地考试需求的教材。

日本的教材针对性、个性化较强,但由于大部分都是初级教材,且以会话教材为主,缺乏系统性。增强汉语教材的系统性,编写从初级到高级,从精读到泛读、口语、听力的系列教材,是当前进一步推广国际汉语教育的一大要务。由于汉语中高级学习者较少,本国教师会因需求量不大而产生编写动力不足的问题,因此这些教材应主要由中国教师牵头,通过与国外教师合作的方式编写。

日本本土的初级教材数量虽多,但与中国出版的教材相比,对新 HSK 大纲的覆盖率普遍偏低。葛婧(2015)对 13 本朝日出版社出版的初级汉语教材进行统计分析,得出一级词汇的平均覆盖率为 69%,二级为 61%,而语法的覆盖率则更低,一级平均语法的覆盖率为 48%,二级为 38%。因此,在教材编写过程中要注重国际统一标准和本国教学实际需求相结合,词汇和语法尽量覆盖本国汉语考试大纲的范围。

(二)编写适应互联网时代的实用商务汉语、翻译教材

日本近年的外语类专业设置开始向"□□+外语"这样的复合专业培养模式转变(如:英语+汉语、经济学+外语,环境+外语),这也是世界大学人才培养的大方向,过去的那种只学习语言的外语专业已不适应时代发展。要"抓好商务汉语教学""加快'互联网+语言教学+商务'复合型人才培养"(陆俭明,2016)。商务汉语是当下最务实、最急需的,因此应在大学内广泛增设商务汉语课程(不仅限于汉语专业),提升学生就业后的实际商务书写、会话能力。而对汉语专业的学生来说,则尤其要注重翻译能力的训练,多培养高端翻译人才。这就需要结合对象国与中国的经贸关系,了解当地的人才需求后,有针对性地编写一些具有实用价值的商务汉语教材和翻译教材。

(三)重视中外教师的教学配合,整合教学内容

在日本的汉语母语教师人数多,许多日本学生在入门阶段便可接触到汉语母语教师。在日本大学的汉语专业教学中,普遍从一入学开始便同时配备日本本国教师和中国教师,使用同一本教科书,采用日本教师主讲语法,中国教师主讲会话的方式交叉授课。这样可帮助学生在基础阶段更好地理解语法,同时习得地道的发音,使中外教师的优势得到最大化发挥。国家每年都会向不同国家派出大量的汉语教师志愿者,依托当地大学设立的孔子学院数量也在不断增加,世界各国的汉语教学第一线都会或多或少地有中国教师加入。在今后的国际汉语教学中可以借鉴日本这种中外教师同用一本教科书,分别主攻会话与语法的教学模式。

(四)中国应该加大国外汉语教师培训的宣传

目前中外语言交流合作中心有许多针对国外汉语学生以及教师来华进修,或是在国外的汉语教师培训计划。如日本的樱美林大学和关西外国语大学的孔子学院都会定期举办汉语教师培训,制定的培训目标是"解决学员们教学中的实际问题,并使他们获得汉语教学的知识和技能"(靳卫卫等,2013)。综合来看,国外教师来华进修计划的时间较短,且在本土教师中的认知度较低,许多教师并不知道有这些项目,来华进修的国外教师中有不少是中国教师。而在国外举办的汉语教师培训班,参加者也多为中国教师。中外语言交流合作中心可加强与国外大学中文系教师的联系,扩大宣传,使得更多的本土教师了解中国的各种培训资助计划。增设多语种网页,让实际非常需要参加汉语语言培训、教学法培训,但是由于汉语水平不够而无法报名的教师知晓培训内容和报名方法,使得这些已有的汉语教师培训真正起到培训本土汉语教师的作用。

同时,切实了解国外教师对于汉语教师培训的需求,根据需求开展不同内容的培训,这也有助于提高教师参加培训的积极性。

参考文献

葛婧,2015.日本初级汉语教材特征分析[C].中外语言文学与社会文化研究.广州:世界图书出版社.

郭春贵,2014a.从日本汉语教育实践反思对外汉语教育[J].北京广播电视大学学报(3):38-42.

郭春贵,2014b.日本汉语教育的突破口[J].国际汉语教学研究(3):4-5.

横田隆志,2018.培养"自我教育能力"的日语师资培训尝试(日文原题:「自己教育力」育成のための日本語教師研修の試み),第46号:99-108.

侯龙龙,朱庆环,2018.教师专业发展的政策分析:自主支持的专业发展与"任务式"的专业发展[J].《教育科学研究》(4):72-76.

姜丽萍,2018.汉语教材编写的继承、发展与创新[J].华文教学与研究(4):12-18.

靳洪刚,2011.现代语言教学的十大原则[J].世界汉语教学(1):78-98.

津田量,2010.日本汉语教材综合研究及分析[J].汉语学习(2):105-112.

靳卫卫,郑天刚,2013.本土汉语教师的培训与发展[J].海外华文教育(1):88-92.

李泉,2017.对外汉语教材通论[M].北京:商务印书馆.

李泉,2006.对外汉语教学语法研究述评[J].世界汉语教学(2):110-118.

刘晓玉,2020.日本中级汉语教材研究——兼与中国对外汉语教材对比[D].北京:北方工业大学.

卢家楣,2013.情感教学心理学[M].上海:上海教育出版社.

陆俭明,2016."一带一路"建设需要语言铺路搭桥[J].文化软实力研究,2(1):31-35.

吕俞辉,2002.对外汉语教学的语用观[J].上海大学学报(社会科学版)(2):90-95.

木村优,2019.教师实践与专业性塑造中情绪的作用—概观基于情绪认知、社会构成主义的教师情绪研究(日文原题:教師の実践と専門性開発における情動の役割—情動の認知・社会的構成主義に基づく教師の情動研究の概観を通して—)[Z].福井大学教育、人文社会系部门纪要第4号:209-227.

日本中国语学会,2002.日本的中国语教育——现状及课题(日本の中国語教育—その現状と課題)[M].东京:好文出版社.

邵艳,2005.近代日本汉语教育制度的形成(「近代日本における中国語教育制度の成立」)[J].神户大学发达科学部研究纪要(神戸大学発達科学部研究紀要),12(2):371-400.

松田智子,辻井直幸,2019.教师的持续成长——从"使命感""职务行使能力"和"自我控制力"的视角出发(日文原题:成長し続ける教師となるために—「使命感」と「職務遂行力」と「自己統制力」に視点をあてて—)[J].人間教育,2(9):231-241.

陶琳,2014.日本汉语学习者的学习动机调查与研究(日文原题:日本人の中国語学習者の学習動機の調査と研究)[J].外国語教育フォーラム(Forum of Language Instructors)(8):81-90.

王丽媛,俞芬芬,2012.建构基于认知功能教学法的大学英语"词汇深度"教学模式[J].山西师范大学学报(哲学社会科学版)(2):176-179.

文秋芳,2018."产出导向法"与对外汉语教学[J].世界汉语教学(3):387-400.

杨凯荣,2018.东京大学中国语教育的实践(日文原题:東京大学における中国語教育の实践),谷垣真理子等编,战后日本的中国研究和中国认识-东大驹场与内外的视点(戰後日本の中国研究と中国認識－東大駒場と内外の视点)[C].东京:风想社.

张英,2001.日本汉语教材及分析[J].汉语学习(3):61-69.

杨小彬,2011. 我国对外汉语教材编写的成就与问题[J]. 湖北大学学报(哲学社会科学版),38(4):31-34.

张德琇,1983.启发式与传授式教学对比的实验研究[J].湖南师院学报(1):78-82.

张富生,2010.日本大学课程设置制度及其执行有效性[J].高教探索(4):35-38+52.

张恒悦,古川裕,2018.基于日语母语者偏误分析的在日汉语语法教学[J].中国語教育(第16号):21-32.

赵金铭,2011. 初级汉语教学的有效途径——"先语后文"辩证[J]. 世界汉语教学,25(3):376-387.

竹中佐英子,2007.日本中小学国语写作教学法分析[J].目白大学文学・言語学研究(3):13-24.

郑丽芸,1997.日本大学汉语教学一瞥[J].世界汉语教学(1):108-112.

Beck A T. 2002. Cognitive models of depression [J]. Clinical Advancesin Cognitive Psychotherapy: Theory and Application,14(1):29-61.

Blaney P H. 1986. Affect and memory: a review [J]. Psychological Bulletin,99(2):229.

Cunningsworth A. 1995. Choosing Your Coursebook [M]. London: Macmillan Publishers Ltd.

Dasborough M T. 2006. Cognitive asymmetry in employee emotional reactions to leadership behaviors [J]. The Leadership Quarterly,17(2):163-178.

Dolcos F,Cabeza R. 2002. Event-related potentials of emotional memory: encoding pleasant,unpleasant,and neutral pictures [J]. Cognitive,Affective & Behavioral Neuroscience,2(3):252-263.

Halverson S K,2004. Emotional Contagion in Leader-Follower Interactions [D]. USA: Rice University.

Johnson S K,2008. I second that emotion: effects of emotional contagion and affect at work on leader and follower outcomes [J]. The Leadership Quarterly,19(1):1-19.

Kensinger E A,Corkin S,2003. Memory enhancement for emotional words: Are emotional words more vividly remembered than neutral words? [J]. Memory and Cognition, 31(8): 1169-1180.

Labar K S, Phelps E A, 1998. Arousal-mediated memory consolidation: role of the medial temporal lobe in humans [J]. Psychological Science, 9(6): 490-493.

Mio JS, Riggio RE, Levin S, et al. 2005. Presidential leadership and charisma: the effects of metaphor. The Leadership Quarterly, 16(2): 287-294.

Morris J A, Feldman D C, 1997. Managing emotions in the workplace [J]. Journal of Managerial Issues, 257-274.

Ohman A, Flykt A, Esteves F, 2001. Emotion drives attention: detecting the snake in the grass [J]. Journal of Experimental Psychology: General, 130(3): 466-478.

Rusting C L, 1998. Personality, mood, and cognitive processing of emotional information: Three conceptual frameworks [J]. Psychological Bulletin, 124(2): 165.

Stormark K M, Nordby H, Hugdahl K, 1995. Attentional shifts to emotionally charged cues: behavioural and erp data [J]. Cognition & Emotion, 9(5): 507-523.

第三章　韩国的大学汉语教学研究

　　韩半岛汉学及汉语的教育与学习可谓历史悠久,据《三国史记》小兽林王二年(372 年),高句丽"立太学,教育子弟"。由此可知,高句丽时期半岛已有在教育机构中进行汉语传授与学习的活动。自 20 世纪 70 年代以来,18 所韩国大学(如高丽大学、延世大学等)先后建立了汉语专业,80 年代开设中文相关院系的高校猛增至 80 所。近年来由于中国经济的快速发展,中韩贸易往来日益频繁,中国公民赴韩旅游人数不断增加,韩国的"汉语热"不断升温。2006 年,韩国开设汉语专业的高校已达 131 所(孟柱亿,2008),到 2016 年,仅在首尔地区就有 36 所韩国大学设立中文学科系(梁允祯等,2018)。根据韩国职业能力开发院的 2019 年统计资料,设有中文系的四年制综合性大学有 126 所(不包含专科制院校)。其数量之多、规模之大、增长速度之快已使韩国大学的汉语教学成为汉语作为第二外语教学传播的典型范例。

　　韩国大学的汉语教学历史较长,汉语专业已形成一定规模,各校由于自身侧重点不同,其分类也较为细致。韩国大学汉语专业大致可分为中国语科、中语中文学科、中国学科。不同名称体现了不同的培养目标与教学重点:中国语科主要学习语言技能,侧重语言学理论与应用;中语中文学科重视文学研究,文学相关课程比重大;中国学科则是语言与文化两者并重,语言学与文学课程相对薄弱。

第一节　韩国的大学汉语教学现状调查

　　本次调查结合两种方式展开:一种是以在韩国大学教授汉语的教师(包括专职与兼职)为对象进行问卷调查,另一种是针对选定的五所大学进行微观调查。其中,问卷调查从教师教育背景、课程性质、教材与教学法等几个方面展开,旨在宏观把握韩国大学汉语教学的现状。

同时本书抽取韩国较具代表性的五所大学:首尔大学、延世大学、高丽大学、韩国外国语大学、韩国中央大学的汉语专业进行深入分析。这五所大学覆盖了韩国的国立及私立大学,外国语大学及综合性大学(见表 3-1)。具体考察其汉语课程(主要针对汉语专业)的设置、使用教材、课程大纲等具体情况,微观分析韩国大学的汉语教学体系与现状。

由于韩国各大学的汉语专业特色明显,各大学的侧重点也有所不同,有的侧重培养学生语言技能(中国语科),有的侧重于中文教育(中语中文学科),有的侧重于地域学研究等,以及观光中国语学科、中国学科等诸多类型。选择这五所大学,主要出于以下三方面考虑。

第一,在韩国教育资源最丰富的地区选择其中教学质量顶尖的大学进行调查,这样能在一定程度上了解韩国最具代表性高等院校的大学汉语教学现状,教学质量顶尖,也代表着汉语教学的顶层水平,因此,可根据这些汉语教学高水平院校确立汉语教学行业的标杆。

第二,五所大学中包含国立综合性大学、私立综合性大学以及私立外国语大学三种办学性质的学校(见表 3-1)。笔者对比不同办学性质学校的汉语专业,以期得出更为全面的教学现状信息。

第三,这些院校有各自的教学特色和教学重点,因此通过比较相同之处,对比不同之处,分析其优缺点,为今后的课程设置和韩国大学汉语语言教学规划提出相应对策。

表 3-1　选定的五所大学的基本信息

大学名称	学校性质	汉语专业名称	设立年份	孔子学院	研究生教育
首尔大学	国立综合大学	中语中文学科	1946 年	无	有
延世大学	私立综合大学	中语中文学科	1974 年	有	有
高丽大学	私立综合大学	中语中文学科	1972 年	无	有
韩国外国语大学	私立外国语大学	中国语言文化学科	1954 年	有	有
韩国中央大学	私立综合大学	中语中文学科	1980 年	无	有

首尔大学、延世大学、高丽大学为韩国最知名的三所综合性院校,作为韩国一流高校代表,被称为"SKY"。韩国外国语大学为外语类专业性强的高校。韩国中央大学排名在私立综合院校中也位居前列。韩国外国语大学开设汉语专业较早,于1954年建校时便开设了汉语专业,是仅次于国立首尔大学,第二所设立汉语专业的韩国大学。其他四所院校的汉语专业也已有四五十年的历史,随着时代发展,在不断壮大。其中延世大学和韩国外国语大学均设有孔子学院,2019年韩国外国语大学还获得韩国首家"示范孔子学院"称号。这五所大学均开设汉语专业硕士点。

一、问卷实施情况

为保证本研究结论的客观性,为韩国大学中文系教学研究提供切实可行的数据依托,本研究将采用调查问卷的方式,对韩国大学的汉语教学现状进行分析研究。

(一)调查时间及地点

本次问卷调查通过"问卷星"网络收集和现场收集相结合的方式进行。网络收集的优点是方便、快捷,扩大了调查覆盖群体,可使更多的在韩汉语教师参与本次调查。缺点是易产生无效问卷,有时会发生部分漏填情况,造成统计信息不全面。现场收集则可保证填写的准确性;同时,通过在现场与教师交谈也可获取更多具体信息,增加关于韩国大学汉语教学的信息量及直观印象。笔者现场收集问卷61份[①],针对部分问题,笔者对相关教师进行了再次确认,确保信息准确。此次问卷通过两种方式进行收集,得到有效调查问卷126份,无效问卷7份。

(二)调查对象及内容

本研究旨在全面了解韩国大学汉语教学现状,因此以在韩国大学任教的汉语教师(未区分专职与兼职)为调查对象,问卷内容涉及师资情况、教学方法、教材和课程设置四部分内容。同时,为弥补调查问卷中缺乏互动和反映问题不全面的不足,笔者还对3名韩国汉语教学界的资深专家进行面对面的访谈,为本研究提供更全面的补充信息。

---

① 笔者于2018年6月参加韩国中国语言学会春季学术研讨会,并现场发放问卷。

本次调查的调查对象来自韩国的 49 所大学,约占现有开设汉语专业高校总数约三分之一,覆盖地区包括首尔、济州岛、光州、金海、马山等城市,可较为全面地代表韩国大学的汉语教学情况。

二、问卷调查结果

(一)师资情况

参与调查的教师年龄段集中在 30～50 岁,共占 83.3％(31～40 岁,47.6％;41～50 岁,35.7％);30 岁及以下的青年教师(7.2％)或 50 岁及以上的资深教师(9.5％)比例不大;具有 6 年以上教学经验的人数占 73.8％。由此不难看出,韩国大学的汉语教学师资力量雄厚,从事教学的一线教师教学经验丰富。有 64.2％的教师接受过对外汉语教学的培训,具有较强的专业性。

在韩国大学中文科系任教的教师队伍中,40 岁及以下的青年教师选择到中国大陆进行访学或者攻读学位的倾向明显。而在 20 年前,赴中国大陆的留学人数远不如赴中国台湾留学的人数多(宁稼雨,1998)。随着韩国与中国大陆文化、教育交流显著增多,更多韩国学者选择到中国大陆高校继续深造或进行访学研修。加大与中国大陆高校的学术交流可使韩国教师和学者更深入、全面地了解中国大学的汉语言文学专业教育或汉语国际教育。

据调查,中国公派教师在韩国高校汉语教师队伍中占所有教师总人数的 16.7％。这说明目前中国学者进行公派交流的人数相对稳定。在现有文献资料中,赴韩汉语教师志愿者大部分前往韩国中小学校任教,赴高校任教的相对较少。

(二)教学方法

问卷结果表明,韩国汉语课程课堂人数少于 10 人的班级仅有 14％,而 11～20 人、21～30 人以及 30 人以上的教学班级人数,其比例各占 30％左右。这说明小型、中型、大型班级规模呈平均分布状态。30 人以上大班均为二外汉语课。

在韩国大学任教的汉语教师,使用韩语授课比例最高,20～30 岁教师的教学语言为本国语言(韩语)与汉语各占一半,31～40 岁的教师占 35.0％,41～50 岁教师占 47.6％。英语作为中介语使用的情况最少,分别是 10.0％

和 25.0%（详见表 3-2）。由此可见，大部分老师在教学过程中倾向于使用韩语进行教学，导致学生汉语输入量较少，这与宿捷和宿鸿斌（2008）的结论一致。

表 3-2　上课使用语言情况

上课使用语言	20～30 岁	31～40 岁	41～50 岁	50 岁以上
基本全部使用本国语言	0	35.0	47.6%	50.0%
基本全部使用汉语	0	10.0	4.8%	0
本国语言与汉语各占一半	100%	45.0%	47.6%	25.0%
英　语	0	10.0%	0	25.0%

　　韩国大学汉语教师中，使用多媒体教学的比例和频次不多。20～30 岁群组教师中选择"几乎每次都会使用"的比例仅为 33.3%，理应最熟悉新型现代教育技术的年轻教师的使用频率偏低。随着年龄增大，教师使用多媒体的频率也逐渐下降（详见表 3-3）。多媒体可向学生展示图片、音频、视频等多元化的生动素材，可积极调动学生的学习热情。

表 3-3　多媒体使用频率情况表

使用频率	20～30 岁	31～40 岁	41～50 岁	50 岁以上
偶尔使用	66.7%	25.7%	33.3%	25.0%
平均每 2 次课使用一次	0	0	13.3%	25.0%
平均每 5～10 次课使用一次	0	10.0%	6.7%	25.0%
几乎每次都会使用	33.3%	64.3%	46.7%	25.0%

（三）教材

　　据调查，调查总人数中三分之一的教师表示对现在使用的教材不太满意。教师不满意现有教材的主要原因如下：不结合本国实际，占 33.3%；教材太老，占 33.3%；词汇量过大，占 20.0%；其他原因，占 26.7%；语法太多，占 6.7%（此题为多选题）。对教材好坏的评判应主要从难度、词汇量、信息量、知识面、时代性、实践性等方面考虑。

　　虽然 73.8% 的院校已使用韩国本土出版的教材，但很多教材只是中国教材的翻译版本,缺乏符合韩国实际教学情况的教材(金铉哲,2015)。由于教材针对的学生群体、对话设定的语言环境、自然环境的不同,直接把中国教材套用到韩国本土使用,缺乏针对性。同时,教材编写还需具有时代性语言特点,要能真实反映语言的发展及对象国语言生活现状。

李天洙(2004)指出,"韩国大学的中文科系通常没有科学的汉语教学方案,在选用教材时也较为随意,往往忽略了低高年级的教学内容、教学水平之间的联系"。教材词汇量过大,容易打击学生的学习积极性,尤其对于中、高级阶段的学生。在编写、选择教材时需考虑各所高校设置的汉语课时量,考察教师是否能按教学目标设定的教学进度完成教学,并且考虑汉语教材高低年级的系统性和连贯性。如不影响教学进度及效果,则可选用词汇量大的教材,反之则使用词汇量小的教材。

近年来,据李美京(2018)统计,韩国已出版 3896 种中文教材、工具书 226 种、中文理论相关书籍 749 种、汉文汉字书籍 160 种,主要出版汉语教材的出版社有时事中国语出版社、多乐园出版社等。

(四)师资培训及学习动机

本研究有关师资培训方面的问卷结果表明,64.3%的教师已参加过汉语教学的相关培训。在问卷中询问具体希望培训哪些方面(此题为多选),85.7%的人认为应该加强汉语教学方法,38.1%认为应培训中华文化,26.2%认为应培训汉语语言相关知识(语音、词汇、语法),选择其他方面的人占 4.76%。这表明虽然大多数教师在上岗前已接受过语言相关培训,但期望加强某些具体方面知识的培训意愿强烈。

教师认为学生学习汉语的目的(此题为多选):85.7%的人认为可以找到一份好工作;26.2%认为可以去中国旅游;有 31.0%认为可以了解中国,促进本国与中国友好;31.0%认为可以去中国工作、定居;14.3%认为可取得中国大学的文凭。这表明,绝大多数学生还是会以就业为目的学习汉语,其次是为了了解文化,还有就是为了来华工作。

韩正恩(2018)采用 Dörnyei(2009)、Gardner 等(1972)的分析方法模型,以韩国外国语大学 277 名在籍生(大一 46 名、大二 85 名、大三 82 名、大四 64 名),其中男生 74 名、女生 203 名,为对象进行汉语学习动机的问卷调查。测试阶段,通过对 15~30 名中国籍本科生进行初步实验,验证了问卷的内部有效性。内部有效性通过 Cronbach's α 系数评估,0.6 则通过验证。本问卷克朗巴赫的系数为 0.7,证明内部有效。同时采用频率分析,t 检验及回归分析来分析最终问卷数据,以此分析统计结果对学习动机的影响。其研究结果表明,理想的自我状态排在大学汉语学习者学习动机的第一位,其次才是基于竞争的动机。这意味着希望自己能够在未来流畅使用汉语的学习者最多,可同时在工作及日常生活中使用汉语与汉语母语者进行无障碍沟通对话,成为其强烈的汉语学习动机。另外,从竞争动机来看,相对于与他人的比较或竞争,学习者更加倾向于注重自我及对未来的信心等以自我为中心发展的竞争动机。

此外,汉语学习者对中国人大体上持非常积极的态度,但对中国文化则持相对保留的态度。在对中国文化的态度上,男性学生和女性学生之间存在微小的差异,在学习态度、对中国人的态度上均显示出差异。在汉语圈居住过或学习过汉语的学生,与未学习过汉语的学生相比,在三种态度中都表现出明显的高平均值,前者较后者对汉语学习持有更积极的态度。这种态度之间表现出的相关关系,具体可以解释为学习态度好,对中国文化或中国人的态度也会变得积极,反之,对中国文化或中国人持积极态度也会促进学习者拥有更好的学习态度。

综合以上结果判断,从教学方法上,鼓励汉语学习者具有一种理想自我的学习动机对学习汉语非常重要,并且通过在汉语圈居住、高中开设汉语课程、提供语言研修等机会学习汉语的经验可以促发学习汉语的积极态度。这也从另一个角度阐释了韩国高校大部分汉语学习者对于汉语的学习,与以往的实用性,即增加就业机会的工具主义相比,呈现出不同的状态。新一代的年轻人更多强调的是自我意识以及实现自我价值,就业对于他们可能只是第二选择;而对于中国以及汉语的态度,往往能够对他们的汉语学习产生影响。但是也并非否定就业因素对于汉语学习的影响,因为在实现自我这一选项之后,综合定位这一选项是被试者的一致选择,即他们希望能够成为综合能力强的优秀人才,这自然涉及凭借优秀的个人素质获取更好的就业机会这一心理。此外,针对他们对中国的态度开展的研究可以对针对韩国学习者的汉语教学方法给出一些启示。综合来看,新一代的学习者具有符合时代的新特点,对中国及文化的亲近性、对中国的国家形象包括民间交流提出更高的要求。

第二节 师资队伍分析

一、韩国大学整体师资队伍情况

韩国大学资讯显示 2019 年专任教员地区数据(见表 3-4),在调查的 140 所大学中,男性教师共计 145 人,女性教师 282 人,但是男性教授人数是女性教授人数两倍之多,副教授职位男、女人数基本持平,助理教授中女性人数是男性人数的两倍之多。这表明,虽然女性教师总人数约为男性教师总人数的两倍,但女性教师总体而言职位偏低,在晋升职称过程中可能受到多方面因素影响,未能获聘教授职位,其中绝大部分还处于助理教授职位。 2019 年人文社科学科外籍教员人数统计如表 3-5 所示。

表 3-4　2019 年韩国大学专任教员地区数据　　　　　　　单位:人

总人数		教　授		副教授		助理教授	
男	女	男	女	男	女	男	女
145	282	20	8	24	25	101	249

表 3-5　2019 年人文社科学科外籍教员人数统计　　　　　单位:人

总　计		教　授		副教授		助理教授	
男	女	男	女	男	女	男	女
2143	1058	169	50	304	129	1670	879

二、选定五所大学汉语专业基本信息及师资情况比较

韩国大学的汉语专业课程设置具有其鲜明特色,笔者分别搜集 5 所大学的汉语专业本科课程,以便分析其课程组成和分布特点。所有课程分为 5 类[①]:语言技能及知识类、文化历史类、文学类、教育类以及其他应用类。

　　[①]　李泉(2006:4)将对外汉语教学的课程分为 6 种类型:1.综合课;2.专项技能课;3.专项目标课; 4.语言知识课;5.翻译课;6.其他课程。本章基于该基本分类,并根据韩国大学汉语课程的具体特点,将其整合为 5 大类。

语言技能及知识类,这类课程用于语言学习,发挥其交际功能。文化历史类多为介绍类型课程,介绍中国传统文化及艺术形式的表演。文学类课程,分为古典文学类和现代文学类两种类别。教育类课程涵盖中文教学及教法课程,一般多为二语习得课程。其他应用类课程涵盖语言应用类课程,例如翻译、商务汉语以及语言教育课程。高丽大学与韩国外国语大学汉语专业每年招收 50 余名学生,人数在五所大学中排前 2 位,其他 3 所院校人数相对较少,首尔大学每年 20 人,延世大学 30 人左右,韩国中央大学招生人数波动较大(见表 3-6)。

表 3-6　五所大学中文专业的基本数据① 　　　　　　　　单位:人

调查数据　大学名称	首尔大学	延世大学	高丽大学	韩国外国语大学	韩国中央大学
中文专业学生人数	20	32	51	56	35～50
中文专业教师人数	10（全职）	4（全职）	12	11（全职）24（兼职）	10（6 名教授、4 名讲师）

从性别比例来看,教师队伍以男性教师为主,女性教师所占比例较低(见表 3-7)。从研究方向来看,现代文学与语言学是教师最主流的研究方向(见表 3-8),这与教学目标和培养方案一致。因此,在相关课程的设置中,该研究方向的相关课程配比也更大。

表 3-7　五所大学中文专业任教教师男女比例② 　　　　　　　单位:人

人　数　大学名称	首尔大学	延世大学	高丽大学	韩国外国语大学	韩国中央大学
教师总人数	11	8	9	9	6
男教师人数	9	5	7	8	3
女教师人数	2	3	2	1	2

---

①　此数据来源:学校管理部门的内部统计信息。由于兼职教师的人员流动性,其人数可能会有一定变化,汉语专业专职教师人数相对准确。汉语专业学生人数为每年新生人数。

②　数据来源于五所大学的官网,搜集素材的时间为 2019 年 12 月。

表 3-8　五所大学中文专业任教教师研究领域统计① 　　　　　单位:人

研究领域 ＼ 大学名称	首尔大学	延世大学	高丽大学	韩国外国语大学	韩国中央大学
现代文学	6	3	3	4	2
古代文学（含文学史）	2	0	3	0	2
语言学（语音、语法）	3	1	2	5	1
汉语教育(汉字)	0	1	1	0	0
中国戏曲	0	1	0	0	0
中国神话	0	1	0	0	0
汉字学	0	1	0	0	0
中国艺术学	0	0	0	0	1

第三节　课程设置分析

一、五所大学中文系课程设置

本节主要分析韩国大学中文系的课程设置情况。首先来看笔者详细调研的五所大学中文系的课程设置(见表 3-9～表 3-13)。

首尔大学汉语专业的名称为中语中文学科,重点培养方向为中国文学以及汉语语言学。教学目标为培养学生在掌握基本的汉语语言的同时,还具备一定的文学能力,为学生未来的研究打下坚实基础。如表 3-9 所示,该校一共设有 36 门课程,除了常规的 14 门语言类培养课程以外(占比 38.9％),首尔大学对学生文学类的培养也非常重视,其中包含 3 门古代文学课程及 10 门现代文学课程(占比 36.1％)。文化历史类课程涵盖广泛,既包括传统文化也包括艺术表演形式以及社会文化类(占比 13.9％)。其他课程也均设置 3 门教育类教学课程以及 1 门翻译课程类。

① 数据来源于五所大学的官网,搜集素材时间为 2019 年 12 月。

表 3-9　首尔大学中语中文学科课程设置

类　别	内　容
语言技能及知识类	初级汉字、中级汉字初级中文、中级中文、高级中文、中文会话、媒体中文、汉字讲读、汉字的世界、汉字发音练习、汉语语法、汉语写作、汉语发表和讨论、汉语学概论
文化类	中国传统文化的意义和现代中国、中国公演艺术、中国社会文化论特讲、中国小说和文化、现代中国的文学和社会
文学类	古典文学类:中国古典文学探索、中国词曲讲读、诗经·楚辞
	现代文学类:中国历代诗歌讲读、中国的大众文学、中国现代名著的世界、中国文学史、中国现代文学讲读、中国现代文学论、中国历代小说讲读、中国名作阅读、中国历代散文讲读、现代中国小说
教育类	中文教育论、中文教科教育伦理论述、中文教材研究及指导法
其他应用类	中文翻译练习

　　延世大学汉语专业名称为中语中文学科,旨在理解中国的语言与文字,掌握相关的传统知识,并为促进两国交流与发展起到助力作用。如表 3-10所示,该校课程以语言技能类与文学类为主。语言技能及知识类课程共设22 门,占比 36.1%。文化历史类课程共设 5 门,涵盖传统思想(庄子)、传统艺术及表演。文学类课程共设 23 门,占比 37.7%。其中古典文学类课程共12 门,涵盖唐诗楚辞等经典诗歌,并包含其他类别的"齐家讲读""文言小说""文言文法"等课程。现代文学类共 11 门,涵盖文学类型包括小说、散文等,也包括文学评析以及文学思潮反思。教育类的课程设置较为全面,共设9 门,分别针对教材、语法、提问与讨论、第二外语的教法等方面设置课程。其他应用类,该校设置了有助于商务交流的"商务汉语"以及与现代新闻传媒相关的"时事中文"。

表 3-10　延世大学中语中文学科课程设置

类　别	内　容
语言技能及知识类	初级写作、中级写作、高级会话写作、初级阅读理解、中级阅读理解、高级阅读理解、初级听力、中级听力、高级听力、初级会话、中级会话、高级会话、汉语入门、汉字学、汉语音韵论、现代汉字论、汉语通史论、汉语词汇学、中国语学特讲、实用汉语、中国语言学史、中文韵律学

续表

类　别	内　容
文化历史类	庄子思想与中国文化、中国文化论特讲、中国文化概论、中国戏曲选读、中国传统艺术
文学类	古典文学类:唐诗选读、诗经、中国文言小说选读、中国词曲选读、唐宋散文选读、齐家讲读、经书讲读、楚辞、中国古代文学史、历代散文选读、中国历代诗歌选读、中国文言语法
	现代文学类:中国文学入门、中国白话小说讲读、中国现代散文选读、中国现代文学思潮、中国现代文学史、中国现代小说选读、中国现代作家论、中国文学评析、中级近代文学史、中国小说史、现代诗选读
教育类	中文教材研究及指导法、第二外语的中文教育论、中国文化特讲、中文提问与讨论、汉语教授法、中文教育语法研究论、中国语教育论、对照语言学与汉语教育、汉语实用教育语法
其他应用类	商务汉语、时事中文

　　高丽大学汉语专业名称为中语中文学科,旨在从标准的中文发音开始,借助语言学习深层次多方位理解认识中国的文化以及社会等方面。如表 3-11 所示,该校一共设有 26 门课程。语言技能及知识类课程共设 9 门,占比 34.6%,"中韩语言比较"也是翻译的先修课程,虽未开设相关的翻译课程,但是语言学比较课程为学生提供系统的语言学知识储备,为将来胜任翻译工作或进入研究生阶段翻译课程打下良好基础。文学类课程共设 9 门,占比 34.6%,其中古典文学类 3 门,主要是文学史以及古典讲读,并未将唐诗宋词等设为独立一门课;现代文学类 6 门,除去文学史和经典类作品分析赏鉴课程,值得关注的是还设有从作家角度分析中国现代文学的"中国现代作家论",以及把文学和人文地理相结合的课程"中国文学和人文地理"。

表 3-11　高丽大学中语中文学科课程

类　别	内　容
语言技能及知识类	中级讲读、现代中文语法、中文会话、高级中文练习、中国语史、中文研讨、中国语义理解、中文作文、中韩语言比较
文化历史类	现代中国社会的理解、中国的公演艺术、从人物看中国文化、中国现代文化评析、中国文学与影像文化

续表

类　　别	内　　容
文学类	古典文学类：中国古典文学史、中国古典小说、中国古典讲读
	现代文学类：中国现代作家论、中国文学和人文地理、中国现代散文、中国现代文学史、中国现代诗、中国现代小说
教育类	中国教课教育类、中文教材研究与指导法、中文教课理论与综述
其他应用类	无

韩国外国语大学，汉语专业名称为中国语言文化学科，旨在培养学生的语言交流交际能力，并培养专业人才能够在未来学习中国研究、文学、语言学和文化。如表 3-12 所示，该校一共设有 33 门课程。语言技能及知识类课程共 14 门，占比 42.4％。文化历史类课程共 7 门，占比 21.2％，专设介绍太极拳以及文学创作课程。这些课程是文化类课程的特色，使学生可更为深入地了解某种文化现象。文学类课程共 6 门，占比 18.2％。对于教育类的课程，该校的设置分类较细致，除概括性的研究与指导方法，还专设分别针对听力教学及研究教材教法的课程。在其他应用类课程上，该校偏向商务交流方面的人才培养，设置了"韩中商务交流"这门课。可以看出，韩国外国语大学对语言、文化历史与文学三大方面均非常重视。

表 3-12　韩国外国语大学中国语言文化学科课程

类　　别		内　　容
语言技能及知识类		汉语讲读、汉语听力与发音、初级（中级）中文、初级（中级）中文会话、汉语作文、汉语学概论、古代汉语基础、韩中语言对照、中国社会语言学、汉语演讲与领导、古代汉语基础、汉语语法作文
文化历史类		中国历史、汉字反映的中国文化、中国戏曲与京剧理解、中国文化产业与文化内涵、中国文化故事创作、中国太极拳与联系、中国文化情报设计
文学类	古典文学	中国古典文学、中国诗词赏鉴与应用手段、中国古典文学史、中国经书理解
	现代文学	中国现当代名作鉴赏、中国文学概论
教育类		中文教育思想史、中文教材研究与指导法、中文理论与论述、中文听力与对话指导法、中文意义论
其他应用类		韩中商务交流

韩国中央大学汉语专业名称为中语中文学科,以中文文学为中心,通过对中国文化的系统性学习及研究,旨在培养中韩文化交流活动和韩国社会各领域所需的中国专家。如表 3-13 所示,该校一共设有 38 门课程。语言技能及知识课程共 16 门,占比 42.1%。该校还设置了韩国式的汉语课程"汉文",比较韩语里的中文语言,这是该校课程设置中的亮点。文学课程共 12 门,占比 31.6%,贯穿古今,文学形式也全面覆盖小说、诗歌、散文等各类体裁。教育类课程是专门针对成绩优异的学生(一般学生成绩在年级中排名前 10%)可以选拔进入师范部分的学习,再进行两门理论指导课(外语教学方面)和学校实习。

表 3-13 韩国中央大学中语中文学科课程

类 别		内 容
语言技能及知识类		基础汉语练习(1,2)、基础汉语会话(1,2)中级汉语(1,2)、汉语语法、汉语会话(1,2)高级汉语(1,2)、中文写作(1,2)、中文语言学概论、汉文(1,2)
文化历史类		东亚社会和文化、中国文化概况、时事中文、现代中国专题、中国戏曲
文学类	古典文学	中国历代散文、经书理解、诗经初史、明清小说、始经草史、唐诗、中国古典名著阅读
	现代文学	中国文学史(1,2)、中国现代文学、中国现代小说、中国现代散文
教育类		外语教学教材研究与指导法(师范)、外语教学理论与论述(师范)、学校实习(师范)
其他应用类		汉语翻译实习、商务汉语

这五所大学在语言类、文化类、文学类(古代文学类、现代文学类)、教育类均有涉猎,相对分散但比较平均(见表 3-14)。这五所大学非常注重对学生古籍、古典文学和文化类的素质培养,这类课程要求学生具有较高的语言水平,大部分都在大二或者大三开设,学生具有一定的语言基础之后再进行辅修。从难易程度来看,其课程设置基本符合语言学习"由易到难"的学习规律。韩国外国语大学开设中国语言文化系,重视学生语言和技能培养,学生兼修文化历史、文学与教育类课程。其余四所大学均开设中语中文系,其中三所(除中央大学外)语言技能类课程占比均约为 35%,文学类课程占比

也在 35％左右,这两大类课程占中文专业课程总量的 70％以上。文化历史类也是几所院校兼顾的课程,相对来说,其他应用类课程涉及很少,一般为一两门。这说明语言技能类课程为韩国大学中文科系的主要课程类型,以培养实用交际能力为目标的课程还不够普及。

表 3-14 五所大学横向比较课程设置占比情况

大学名称 课程类别	首尔大学	延世大学	高丽大学	韩国外国语大学	韩国中央大学
语言技能及知识类	38.9％	36.1％	34.6％	42.4％	42.1％
文化历史类	13.9％	8.2％	19.2％	21.2％	13.2％
文学类	36.1％	37.7％	34.6％	18.1％	31.6％
教育类	8.3％	14.8％	11.5％	15.1％	7.9％
其他应用类	2.8％	3.3％	0％	3.2％	5.3％

被调查教师认为最需要开设的课程包括"中国文化"(占 57.1％)、"中国概况"(占 33.3％)、"商务汉语"(占 28.6％)。这表明,教师普遍认为学习汉语不仅要习得语言,还需了解中国的国情与文化;同时,学生掌握这些知识后在一定程度上也可以辅助其对于语言学习的理解。

据调查,86.7％的教师认为学生需要通过学习汉语提高就业率。这表明大部分教师意识到掌握汉语对于提高学生的就业率大有裨益,因而提高学生的汉语实际运用水平很有必要。而反观韩国大学中文科系的课程设置,多偏重语言理论与文学,未能充分考虑学生毕业后的就业需求。

二、韩国大学汉语课程设置特点

整体来看,韩国大学中文系的汉语课程设置具有如下特点。

(一)现代、当代中国文化课程较少

首尔大学有 3 门("中国传统文化的意义和现代中国""现代中国的文学和社会"),高丽大学有 4 门("现代中国社会的理解""中国的公演艺术""中国现代文化评析""中国文学与影像文化"),延世大学有 2 门("中国戏曲选读""中国传统艺术"),韩国外国语大学 1 门("中国文化产业与文化内涵"),韩国中央大学 1 门("中国戏曲")则更少。大部分的文化课程都是从中国传统文化艺术如戏曲、哲学、太极拳等角度来诠释中国文化,尤其是对传统文

化的理解,但对于中国现代文化和中国现代社会的课程涉及较少,容易造成学生对于现代文化的理解偏差或者缺失,这也同样可能造成学生在未来工作或者实际运用中产生一定的障碍。

(二)实践技能课程较少

从"其他应用"类别的课程来看,旅游业、商务汉语类、翻译类等实践性强的相关课程,每个大学开设很少,学生的培养方向与社会就业市场的人才需求相对脱节。2017 年,中国人到境外旅游的人数已超过 1.3 亿人次,赴韩旅游人数也大幅增加。庞大的旅游人群带来巨大的旅游交际功能需求,这使得在酒店、景点讲解、机场服务、购物等各个场景都需要熟练掌握中文的人才。随着中韩两国经济的双向交流合作日益频繁,韩国大型或者中小企业也纷纷建立与中国的合作关系,因此,设置"商务汉语"课程的需求也十分迫切。翻译应用类课程设置相对较少,但在本科阶段,学生应具备最初级的翻译知识,至少可以基本翻译一般报刊上的新闻,助其在今后就业中翻译相关的事务性文件时减少翻译错误,从而传递精准、有效的信息。刘振平(2017)曾表达过汉语作为第二外语教学的目的,一方面是有利于学习者汉语的学习与交际,另一方面是使学习者感受中华文化的魅力。目前韩国大学汉语课程设置对于文化功能关注较多,今后可多设置加强交际功能的课程。

综上所述,韩国大学的汉语语言学习规划策略偏重于古典文学教学、偏重于素质文化的熏陶,学习这些古典课程对于学生将来从事的大部分职业所能提供的帮助是间接而隐性的,而可直接提升学生的就业技能(如商务交际能力、一般事务性材料翻译能力)的实践技能课程开设相对较少。

(三)课程设置与时俱进

笔者发现在搜集的数据中,对比 2018 年(表 3-9~表 3-13)和 2020 年两年的这五所大学的课程列表,有些院校新开设课程,这表明语言教学也紧跟时代步伐与语言文化发展。首尔大学新增 1 门文化历史类课程;延世大学新增 4 门,其中 1 门文学类课程,3 门语言技巧及知识类课程;高丽大学新增 2 门文学类课程;韩国外国语大学新增 12 门,其中语言技巧及知识类课程 2 门、文化历史类 9 门、文学类 1 门(见表 3-15)。由此可得,新增课程主要为文化历史类以及文学类课程,且这类课程多为选修课程。韩国外国语大学新增的 3 门文化历史类课程多门与互联网或人工智能等相关,紧跟语言发展潮流,课程"中国文明与世界文明"也从新视角阐述中华文明。在文学方面,还补充了"中国台湾与香港的文学与文化"。一般在研究生阶段设置的语料库汉语也为本科学生提供了相应的理论课程。

表 3-15　五所大学新增设课程

大学名称	新增课程
首尔大学	汉字圈的社会与文化
延世大学	诸子讲读(原为齐家讲读)、中国语学特讲、中文韵律学、汉语语音学
高丽大学	中国古典诗歌1、中国古典诗歌2
韩国外国语大学	中国大众文化、中国饮食文化、中国电影与批评、中国哲学与思想、中国文化数据网络发表、人工智能中国文化数据分析、中国文明与世界文明、中国互联网＋、表演艺术汉语实习、中国台湾与香港的文学与文化、语料库汉语、中文修辞学
韩国中央大学	无

第四节　教学方法分析

韩国高校汉语教学大致可以分为两大类进行论述。一为以汉语专业学生为对象的专业性教学,另一为以选修汉语课程的学生为对象的通识课程的教学。因教学对象不同,其教学方法也呈现出同中有异,异中有同的现象。

一、共同点

(一)教学语言韩语占主导

无论针对通识教育的学生还是专业课程的学生而言,韩语是教学语言的第一选择。在初级阶段的教学中语法说明、互动等环节,韩语授课占据了主导地位。在会话课程中进行语言重点练习时,往往由中国籍教师进行汉语练习引导,但大多数中国籍教师都具备韩语授课能力。除语言学习外,在课程说明、考试安排等课程相关内容上,均采用韩语进行说明解释。

(二)教学设备完善

韩国大学课堂硬件配置较为完善,大学课程一般都配有可连接网络的电脑,以及投影仪、音箱等电子设备,教师可以随时使用多媒体进行教学。同时各大学都有自己的网络平台,学生和教师可在平台上随时互动,包括手机软件的使用,都非常方便。新冠肺炎疫情防控期间的 Zoom 即时会议系统得到大量运用,教师结合各自教学平台进行课程讲授、组织、测试,远程教育整体较成熟。

(三)教学测试形式多样

针对不同对象,汉语教学测试基本采用课堂小测试、期中期末测试(包括口语测试),提交主题报告、课堂报告,进行课堂小组合作研究等方式。

(四)以学生为中心的教学理念

基本采用以学习者为中心的课堂教学理念。传统的课程和教学是以教师为中心的教学思路,教师为学生获取知识的来源,强调教师的重要性。但以学生为中心的教学则强调教学中教师应具备双重身份,而所有目的在于使得学习者作为学习的中心对象了解到学习必须主动,应该获得符合自身水准的,自己想获得的知识。这一教学理念基本已完全抛弃"照本宣科"及"填鸭"式的老式教学理念。该教学理念也可从韩国高校汉语教学中大量学生参与的课堂活动中得以体现。

二、不同点

(一)通识课程的教学方法

设有汉语通识课程的韩国大学并不在少数,其中分为必修和选修两种类型。汉语作为必修科目通常显示为某些专业或所有专业必须修完规定课时的汉语课程获得学分方可毕业,汉语选修科目则没有这类与毕业挂钩的要求。

通常在必修科目要求下的学生学习动机和学习目的相对选修科目的学生较弱。针对这类学生,由于学习动机的问题,教师会面临学生学习兴趣不足的问题,大量的课堂设计或者课堂辅助手段并未起到作用,教师的教学积极性受到打击后以教师为中心的教学理念往往会占据主导位置。具体表现上,即通过简单的背诵、对话以及汉字书写等基础练习来考核学生,并未要求学生对汉语掌握到一定水准。

选修课程的学生,通常以工商管理或外语类专业的学生居多。针对这类带有较强学习动机的学生,教师往往会按照学生的学习目的进行课程设计,表现为经过初级阶段的基础学习后,经济贸易相关汉语的比重有所增加等。

(二)专业课程的教学方法

针对汉语专业的教学方法,会有别于通识课程的教学。首先学习者的汉语水准相对通识课程学生的而言高出很多。中文专业的学生在入学时基本具备一定的汉语能力,有很多是作为汉语特长生入学的,起点较高。主要以韩语为主,以转换角色、学生为中心进行授课。韩语授课利于学生理解,并且使其理解更为精准。同时积极利用图画、表格、照片等教学道具,主要以 ppt 形式授课。

严翼相等(2011)指出汉语教学应从汉语与韩语的对比,第二语言教学法理论指导,汉语的发音、词汇、语法、听力、口语、阅读、写作、汉字、教学媒体使用、测试评价等方面进行全面系统的教学。由此得出,汉语专业的教学方法相比通识课程的教学具有更体系化、更深入的特点。除语言类课程外,各高校中文系根据本校优势开设文化类、文学类(古代、现当代)、教学类课程。这类课程的教学方法与语言类的教学理念一致,教学手段类似。总体上,中文专业课程的教学涉及语法直译式、直接式、听说情景式、交流中心、内容中心、主题中心等教学方法。

语法直译式教学法是通常以汉语的语法、词汇及惯用语的记忆为主进行汉韩翻译训练的方法。通常适用于较高级别的学生,多见于时事新闻、报刊阅读课程。目的在于通过练习拓宽学生的词汇量,促进其对各种题材的掌握。

直接式教学法主要以听说为重点,在实践中主要以问答的形式开展。通常出现在口语课程,也有个别课程单设口语时间,也会采用该类教学方法。目的在于通过词汇语法练习,学生可使用词语进行表述。

听说情景式教学法主要以多媒体手段为主,借助影视材料让学生听、说两方面的能力得以提高,一般适用于较高水平的学生。个别文化课程也会使用多媒体手段,但多在于提高学生对中国文化历史的理解。

交流中心教学法主要以学生交流为主,在课堂上构建实际应用场景环境,让学生实际操作所学知识,达到锻炼以及提升汉语水平的目的。内容中心教学法与交流中心教学法类似,以所学内容为主,并通过实践进行交流练习。

主题中心教学法则以激发学生兴趣,提高参与度为目的,营造轻松的氛围,让学习更具趣味性,让学生自发参与到课堂学习中。该方法通常采用某主题相关课堂任务的形式,由此学生可提高使用汉语操作和交流的能力。从教师的角度看,该方法可以使教学内容更加实用,并更为充实。所有上述教学方法均为汉语教学中的具体表现,总体上仍然以交流沟通、以学生为中心的教学方法为核心。

郑素英(2007)主持的韩国研究财团项目中指出以学生为主,以沟通为中心的教学法获得了极佳的效果。研究以语法翻译式教学方法和以学生为主,将沟通为中心的教学方法作为对比,发现以学生为主、以沟通为中心的教学法效率明显高于对比组的。具体表现为笔试中,以沟通为中心教学法教授的学生成绩优秀;口试中,学生的发音得到好评,但在流畅性、语法的准确性、听力方面没有差异。以沟通为中心的教学方式教授的学生在两次笔试中整体上取得了优异成绩;但在口试中这一差距并不明显。在词汇和对话层面则是沟通中心学习者表现得更为出色。郑素英(2007)将口语按照听力、流畅性、发音准确性、语法正确性四个方面来考察,发现以沟通为中心的教学方法所教授的学生发音更准确。

第五节　教材分析

一、五所大学中文专业使用教材分析

(一)具体教材使用情况

1.首尔大学

语言技能类课程共有 14 门课教材列表,14 本主要教材。引进类图书占21％,引入中国教材 2 本(包括 1 本韩国重印),引入英国剑桥大学教材 1 本(韩国出版社引进版)。初级汉语与中级汉语主要使用学校系主任李康齐教授编写的教材《The Chinese——中文之路 Step 1》《The Chinese——中文之路 Step 2》,中级汉语使用《多乐园汉语 MASTER 3》。初级汉文与中级汉文课程教材也使用本校自编教材。文化历史类共有 1 门课教材列表。汉语教学类共有 2 门教材列表,共 8 本主要教材,其中引入美国 Pearson 教育出版社教材 1 本。作为中文系主任,李康齐教授带头编写使用率最高的初级汉语教材 3 本、中级汉语教材 1 本(见表 3-16)。

表 3-16　首尔大学自主研发教材列表

教　材	编　者	出版社及出版时间
《The Chinese——中文之路 Step 1》	李康齐、李美京、焦彭琰	同路人 Easytalk,2014
《The Chinese——中文之路 Step 2》	李康齐、李美京、焦彭琰	同路人 Easytalk,2014
《易学大学汉文:初级篇》	姜旼昊、李康齐	首尔大学出版部,2015
《中级汉文》	首尔大学中语中文学科	首尔大学出版文化院,2006

2.延世大学

语言技能类课程共有 6 门课程教材列表、共 12 本主要教材。引进类图书占 17％,引入中国教材 2 本。文学类共有 6 门课教材列表,共 9 本主要教材。汉语教学类共有 1 门教材列表,共 1 本主要教材,引进了周小兵《汉语教学入门》的译本。

3.高丽大学

语言技能知识类课程共有 11 门课教材列表、15 本主要教材。引进类图书占 73％,引入中国教材 5 本(其中 1 本为原著再译),引入英国剑桥大学出版社教材 4 本、美国大学出版社教材 2 本(1 本为原著再译),多为语言学类书籍。本土教材有 4 本。引入的中国教材中,2 本出自北京语言大学出版社。"现代汉语读解"课程所用教材为高丽大学自己研发的。文化历史类课程共有 7 门课教材列表,25 本主要教材。引进类图书占 36％,引入中国教材 6 本,引入英国剑桥大学出版社教材 2 本、美国出版社书籍 1 本。本土教材有 16 本。"电影与现代中国"与"中国地理的快乐"两门课程使用教材由高丽大学中语中文系自主研发(见表 3-17)。"汉语史"课程使用中国引进图书 6 本,"现代中国社会理解"这门课多用介绍中国经济与政治方面的图书。文学类课程共有 9 门课教材列表、10 本主要教材。引进类图书占 40％,引入中国教材 4 本,本土教材 6 本。其中自主研发的教材有两本:"现代中国文学"为"中国现代文学史""中国现代文学批评"课程教材,《中国文学的快乐》为"中国古典文学史 2"课程教材。教学类课程共有 3 门课教材列表,6本主要教材。引进类图书占 66.7％,引入中国教材 4 本,本土教材 2 本。其中,"汉语教材研究与指导方法"这门课还使用了《英语教学法》以参考二语教学知识。值得一提的是,高丽大学非常注重教材研发,有多本教材是本校教师团队精心研发的。

表 3-17   高丽大学自主研发教材

教　材	编　者	出版社及出版时间
《现代汉语读解》	高丽大学中语中文科教研室	China House,2008
《电影与现代中国》	张东天	高丽大学出版部,2008
《中国地理的快乐》	高丽大学中国研究所	China House,2012
《现代中国文学》	白永吉	高丽大学出版部,2015
《中国文学的快乐》	高丽大学中国学研究所	China House,2009

4.韩国外国语大学

语言技能类课程共有 13 门课教材列表、25 本主要教材。引进类图书占 36％,引入中国教材 6 本。引入英国剑桥大学出版社教材 2 本、美国出版社书籍 1 本。如表 3-18 所示,韩国外国语大学自主研发教材 8 本。文化历史类课程共有 15 门课教材列表、21 本主要教材。引进类图书占 14％,引入中国教材 3 本,其中该校自主研发的教材有 3 本。文学史类课程共有 6 门课教材列表、9 本主要教材。引进类图书占 22％,引入中国教材 2 本,其中该校自主研发的教材有 1 本。

表 3-18   韩国外国语大学自主研发教材

教　材	编　者	出版社及出版时间
《汉语最简理论生成语法 13 讲》	金琮镐	韩国外大出版部,2018
《汉语语法与作文》	朴兴洙	韩国外大出版部,2018
《图表看传统中国语法》	金琮镐	韩国外大出版部,2012(2 版)
《初级汉语:会话篇》	外大汉语教材编纂委员会	韩国外大出版部,2007
《京剧如何鉴赏》	金英美	韩国外大出版部,2013
《汉字中反映的中国文化》	朴兴洙	韩国外大出版部,2018
《文化内容企划论》	李永求 等	韩国外大出版部,2013
《公式读懂论语名言》	金琮镐	韩国外大出版部,2017

韩国外国语大学自主研发教材优势突出,涉及语言技能类与文化类课程,数量丰富、形式多样,涵盖的课程种类较多,本系教师的教材编写主动

性被充分调动。

5.中央大学

语言技能类课程共有 10 门课教材列表、15 本主要教材。引进类图书占 20%，引入中国教材 3 本。文化历史类共有 4 门课教材列表。文学类共有 8 门课教材列表。汉语教学类共有 1 门教材列表、1 本主要教材，引入美国 Pearson 教育出版社教材 1 本。其他应用类共有 1 门课教材列表、2 本主要教材。

(二)相同课程使用率较高的教材

笔者选取不同课程使用率较高的会话课程教材进行横向比较，发现汉语会话课程教材以《中国语银行 Chinese Bank：北京大学新汉语口语》《中国语银行 Chinese Bank：汉语口语》，以及引进北京大学教材为主(见表 3-19)。中级汉语课程各大学优先使用本校教授出版的教材(见表 3-20)，比如首尔大学中文系朴正九教研参与编写的《多乐园汉语 MASTER》以及高丽大学中语中文科教研室编写的《现代汉语解读》。文学类教材多使用韩国文学研究大家金学主著的《中国文学史》(见表 3-21)，作者根据自己的理解将中国古代文学进行分期论述，该书是相关领域学习研究必备图书。外语教学教材研究及指导方法课程是高年级中的优秀学生主修课程，两所高校(韩国外国语大学与中央大学)都引进了美国权威教材 *Teaching by Principles*(见表 3-22)进行系统授课。该书是英语二语习得专家 H.道格拉斯·布朗(H. Donglas Brown)的高水平专著，也是外语教育领域参考率较高的书籍之一。

表 3-19　汉语会话课程使用率较高教材

教　材	编　者	出版社及出版时间
《美味汉语》	JRC 中国研究所	JRC Books，2012
《北京大学汉语口语》	刘德联、刘晓雨	瞳养 Books，2012
《中国语银行 Chinese Bank：北京大学新汉语口语》	刘德联、刘晓雨	瞳养 Books，2017
《汉语口语》	戴桂芙、刘立新、李海燕	北京大学出版社，2004（韩语版，2016）
《中国语银行 Chinese Bank：汉语口语》	戴桂芙、刘立新、李海燕	瞳养 Books，2019

表 3-20　中级汉语课程使用教材

大　学	教　材	编　者	出版社及出版时间
首尔 大学	《多乐园汉语 MASTER 3》	朴正九、白恩姬、马雯娜	多乐园,2009
	《多乐园汉语 MASTER 4》	朴正九、白恩姬、马雯娜	多乐园,2009
延世 大学	《中级汉语精读教程 1》 《中级汉语精读教程 2》	赵新 主编 李翼熙 译	时事出版社,2000
	《HSK 快乐阅读》	任冠之	北京大学出版 社,2004
高丽 大学	《现代汉语解读》	高丽大学中语 中文科教研室	China House 出版社,2008
韩国外国 语大学	《新概念汉语3》	崔永华著、林大根、 李受映 译	多乐园,2017
中央 大学	《新攻略汉语实力向 上篇(上)》	马箭飞、翟艳 著, 边滢雨 译	多乐园,2007
	《Upgrade 汉语》	李德津、金德厚	时事出版社,2018

表 3-21　中国文学史课程使用率较高教材

教　材	编　者	出版社及出版年代
《中国文学史》	金学主	新雅社,2013

表 3-22　外语教科教材研究及指导方法课程使用率较高教材

教　材	编　者	出版社及出版年代
Teaching by Principles	H. Douglas Brown	Pearson Education, 2015

(三)五所大学使用教材特点分析

由于韩国教育部门及相关文字组织机构并未对教材进行统一规定,韩国各大高校也并未规定,因此各个课程所用教材由任课教师自己编写或选用。

教授根据文学类或文化类自主选择教材,一般融合市面上的多本教材。比如:首尔大学的"汉语圈社会与文化"课程选择中国现当代社会理解的相关图书,如《乡土中国》《中国的体温——中国民众如何生存》《展开中国学讲义》。这类书籍既可帮助学生了解中国城市生活，也能帮助学生关注乡村生活，内容全面。韩国外国语大学的"中国大众文学"课程一般参选教材或者书籍包括鲁迅的《中国小说史略》及新雅社出版的《中国文学史》。高丽大学的"中国文学与影视文化"课程会结合文学作品原著以及电影、电视，讲授内容包含白话小说、文言小说、现当代小说（中国台湾地区小说以及萧红作品）。值得注意的是，延世大学的中国文化论特讲课程涵盖现当代文学的范围广泛，除了常规的小说以外，还选择中国当代科幻作家刘慈欣的作品选集以及其他侦探小说选集。这类题材较为吸引学生人群，借助科幻作品的想象主题，既能跟上时代步伐，又能符合学生阅读口味。中央大学的"中国思想理解"课程主要参考中国古代思想家选集，包含墨子、韩非子、老子，覆盖传统思想体系，非常全面。

二、韩国出版社出版汉语教材情况

据胡晓慧等（2009）年统计，韩国四大出版社分别为：多乐园出版社、尼克索斯出版社、时事出版社、进明出版社。截至 2009 年已出汉语教材 497 种，其中引进中国版汉语教材 179 种，占 36％；出版汉语教材数量最多的是尼克索斯出版社，共有 253 种，其余 3 家出版社的排名依次为：多乐园出版社、时事出版社、进明出版社。最近十年，出版社随着市场的沉浮已经有所变化。目前四大出版社为：瞳养 Books、多乐园出版社、时事出版社、YBM 出版社（YBM Books）。以下对四大出版社出版的汉语书目进行梳理，并将四大出版社出版的年度汉语教材数量及分类数量总结如表 3-23 和表 3-24 所示。

（一）多乐园出版社

多乐园出版社是韩国一家专业外国语实用书出版社。最早成立于 1971 年，以当年 3 月 1 日《钓鱼春秋》发刊为标志。1977 年 9 月 16 日，多乐园作为图书出版单位进行了出版登记，自此成为真正意义上的出版社。

经过四十多年发展的多乐园出版社成为韩国出版领域的佼佼者，拥有"TOEFL MAP"等系列品牌；同时在 40 多年经验积累的基础上，开发出大量作为外语学习的汉语教材，以及提高人文修养的汉语人文系列书籍。随着时代的发展和读者需求的变化，多乐园出版社一直在思考并创造出新的书籍，其中文出版可以说是居于目前业界最高水平之列。随着技术的发展，多乐园一直致力于出版适应顾客需求的各种书籍，并以此为基础，积极开展电子学习(e-Learning)服务和电子出版(e-Book)业务,是一家集各种外语、外国学习者、儿童、汉字、杂志、一般通识单行本为一体的综合性出版社。该出版社官方网址为:https://www.darakwon.co.kr/。

多乐园出版社最早出版汉语教学书目是在1997年,2000年以后每年固定出版图书10～31本,2015年出版数量最多。多乐园出版社出版汉语书籍及教材数量最多且种类多元,主要出版的系列教材为"新攻略中国语"(21本)、"301句完结中国语会话"(11本)、"多乐园中国语"(9本)、"中国语容易Chinese Easy"(5本)、"听听中国语"(4本)。HSK考试系列包括从1级到最高级11级不同等级的各项分项练习如词汇、听力、语法、写作、阅读等,还包括综合的模拟考试习题集。"大学专业人员、酒店、观光从业者的多乐园观光中国语"系列丛书(4本)是针对从业者在真实语境中的常用语总结,覆盖从入门到实战进阶阶段。引进北京语言大学出版社出版的《发展汉语》口语、听力、阅读与写作部分教材共11本。

颇具特色的是2007—2009年出版的一系列中国对译文库,除了中国古典四大名著的对译以外,还有著名文豪巴金、鲁迅、冰心的作品以及现当代小说选集、寓言选集、儿歌选集、童话选集等。2004年多乐园出版社就按不同等级将中国小学1～6年级教科书教材选集汇编成册,可对接中国的基础教育教材,以及汉语语言学习的初、中级阶段学习。中国文化类部分书籍中,《中国文化考察记》专门探查中国的吴越及荆楚地区区域文化,《华侨——中国外的中国人》介绍华侨的生活与理念,《关系与商务》介绍中国人的商务场景文化,《中国常识Ⅰ文化——阅读灿烂的中华民族文化》《中国常识Ⅱ译史——阅读巨大的大陆翻译史》既概括介绍了中国文化,又详尽介绍了翻译史。

(二)韩国瞳养 Books

出版社韩国瞳养 Books(Dongyang Books)成立于1979年,其出版范围包括人文和社会科学各领域的学术著作、专业参考书、辞书和普及读物,涉及中英日等各语种。其中文相关书籍出版在韩国中文出版界处于领先地位。出版社旗下拥有语言学研究所,影像 Video、Sound 开发研究所,在线教学网站等机构。

瞳养 Books 设有中国语出版部,并于2006年最早设立以儿童为对象的中国语教学研究所,2007年开设相关网上书店 www.shudian.co.kr。瞳养 Books 数十年间出版了大量与中文相关书籍,书籍内容涵盖中国政治经济旅游文化等各个方面,是韩国中国图书出版的领先势力,是一家有着悠久历史、结构合理、设备完备、出版理念先进的出版社。该出版社官方网址为:ht-tps://www.dongyangbooks.com/。

瞳养 Books 最早出版汉语教学书目是在 1996 年,近十年每年固定出版图书 8～34 本,2017 年出版图书最多。出版的汉语语言类教材主要为"中国语银行"系列共 88 本,其中"中国语银行——北京大学汉语口语"系列 18 本、"中国语银行 Basic"系列 5 本、"中国语 Smart"系列 14 本、"文化中国语"系列 2 本,还包括"中国语银行"在医疗、观光、酒店、服务、航空、商务行业等场景系列 6 本。其他类别系列教材还包括"Master 中国语"系列 4 本、会话类书籍"China Panorama"系列 7 本。文化类是"文化中国语"系列 5 本。商务、服务类书籍中还有针对航空服务员行业编写的教材,如《实境航空中国语:乘务员要知道的》。

(三)时事出版社

时事出版社最早成立于 20 世纪 70 年代末,主要以英语、日语书籍出版为主,辅以汉语书籍出版。1988 年,时事出版社单独设立时事汉语出版社,进行专业汉语实用教材、HSK 等各种教材,以及中、高等学校汉语教科书的出版。

经过数十年的发展,时事出版社中国语社成为专业出版汉语全方位教材的出版社。除应试教材外,还包括会话、听力、阅读、语法、文化商务等各种教材,加上时事汉语培训机构的运营,培养了大量具有极高水准的汉语学习者,是韩国中文出版业中最具实力的出版社之一。随着时代的发展,时事汉语社新设立汉语学习技术研究所(Study Technology Institute),开发适应时代变化的新教材。该出版社官方网址:https://www.sisabooks.com/。

时事出版社最早出版汉语教学书目为 1996 年,近十年间每年固定出版书籍 7～26 本,2019 年出版书籍最多。主要出版的汉语教材"新步步高中国语"系列共 17 本,主要为入门到中级阶段教材。出版"阅读会话同时变身大师——新校园中国语"系列 8 本、"Power Learning System 好中国语 Basic"系列 4 本、"零基础专用中国语第一步"系列 4 本、"自学也不难的:会话中国语第一步"4 本。此外,时事出版社还引进大量教材。1996 年引进"北京中国语"系列 27 本,主要为基础到中级阶段的阅读、会话以及综合。引进北京大学出版的教材共 21 本;2000 年引进"北京大学中级汉语精读教程"系列 2

本、"北京大学 300 句"系列 3 本、"北京大学趣味汉语"系列 2 本;2001 年"零基础中国语初次听力:北京大学听力"系列 2 本、"北京大学中国语中级会话易学"系列 4 本;2003 年引进"北京大学汉语口语"系列 4 本;2004 年和 2005 年"北京大学中国语阅读特讲"3 本、"中国语不在话下:北京大学 800 句"2 本、2005 年引进《北京大学汉语近义词词典》。引进北京语言大学出版社教材共 24 本:2001 年"北语列出的中国语陷阱 228";2002 年"北语文化中国语"2 本;2003 年"北语看图说话:中国语会话"2 本、"BRIDGE 北语中国语中级阅读"2 本、"北语汉语教程"系列 6 本、"HSK 出题"系列 7 本;2008 年"新北京中国语"系列 4 本。

(四)YBM Books

YBM Books 为韩国目前最大的教育集团,是韩国市场英语教育的创始者。依托于教育集团,YBM 下设出版社,出版各类书籍。YBM Books 最早成立于 1961 年,当时以英语教材为主,辅以日语及汉语。目前已出版了超过 12000 种关于语言学习的书籍,其中一些已经售出了数百万册。2002 年开始运营"YBM 中国语专门学院",并出版大量中文教材,其中不乏热销书籍。该出版社官方网址:http://global.ybm.co.kr。

YBM Books 出版汉语书目最早为 2005 年,出版教材最多年份为 2016 年,当年出版"YBM HSK 战略之神新 3～6 级"系列 4 本,以及引进"北京大学新 HSK 命中模拟考试习题集 3～6 级"系列 8 本。主要出版的教材有"好Talk 中国语"系列 3 本、"你好,中国语会话篇"系列 4 本。由统计结果可知,四大出版社汉语教材出版数量均呈现出逐年增长的态势(见表 3-23)。

表 3-23　四大出版社出版汉语教材数量　　　　　　单位:本

年　代＼出版社	多乐园	瞳养 Books	时　事	YBM Books
2000 年以前	2	9	61	0
2000—2004 年	79	27	95	0
2005—2009 年	79	22	78	2
2010—2014 年	91	95	77	8
2015—2020 年	116	103	110	27
出版书籍总数	367	256	421	37

由表 3-24 可以看出，四大出版社出版最多的教材类别为会话教材，HSK 考试类教材包括真题、模拟题等也是主流的教材种类。多乐园出版社和时事出版社还出版中国典籍的对译文库，该文库包括成语故事、古典文学、四大名著，还包括现当代文学小说家等，内容丰富。多乐园出版社还重视初、高中的汉语教育，专门出版初、高中教材，以中学生的学习生活为语境，编写相关教材。多乐园与瞳养 Books 翻译教材都与同声传译相关。

表 3-24　四大出版社出版汉语教材分类别整理　　　　单位：本

类　别＼出版社	多乐园	瞳养 Books	时　事	YBM Books
入门教材	13	17	34	5
会话教材	94	80	132	10
HSK 考试	61	62	67	12
词汇/词典/简体字	29	6	13	0
听力/语法/阅读/作文	37	18	41	1
TSC/BCT/CPT	3	7	11	6
商务汉检	0	0	0	3
观光、旅游、医疗	10	12	4	0
自学书籍	0	13	0	0
文　化	28	8	0	0
翻　译	4	6	4	0
商务、服务	6	10	11	0
儿童、少年汉语教材	36	31	74	0
初、高中教材	10	0	0	0
中国对译文库	36	0	10	0
其　他	0	2	20	0

笔者按照难度水平对四大出版社出版的汉语教材进行了整理与统计（见表 3-25），整理的教材数据既包括考试类书籍，也包括语言技能类即会话、听力、语法、阅读、写作类教材，还包括翻译教学书籍以及语言场景应用类教材。按不同水平分类可分为：入门水平包括教材题目为"基础/零起点/第一步/入门"这类的词语；初级水平对应 HSK 1～3 级；中级 HSK 4～5 级；高级 HSK 6 级及以上以及高级/高阶。大部分教材为入门类书籍这一现状，也反映出市场对于入门和初级等级的教材需求量最大。

表 3-25　四大出版社出版不同水平教材整理　　　　　单位：本

教材等级 ＼ 出版社	多乐园	瞳养 Books	时　事	YBM Books
入门技能类	57	15	50	15
入门考试类	0	0	5	1
初级技能类	42	59	15	0
初级考试类	9	8	9	4
中级技能类	49	12	63	0
中级考试类	33	42	26	11
高级技能类	23	11	4	1
高级考试类	22	18	16	5
介绍考试类	0	0	9	0

第六节　汉语相关研究情况

一、韩国汉语研究学会

　　韩国的中文研究非常活跃，设置中文学科的各大高校均有相关的中文研究学会，并发行相关学术研究刊物（见表 3-26）。许多学会还涉及与中文专业联系比较紧密的一些诸如经济、法律、中医、中国等研究，其中韩国较大的全国性的中语中文学会要数中国语文学会、中语中文学会、中国语言学会等。这些学会的主要参与对象为高校教师及科研机构人员，相关专业硕士研究生、博士研究生。

　　下面仅列举相对有代表性的有关中国语文方面的学术团体及学术刊物。

表 3-26　韩国中文研究学会一览表

机构名称	成立时间	创办学刊	举办学会（年次）
韩国中国学会	1962 年	《中国学报》	年两次
韩国中语中文学会	1978 年	《中语中文学》	年两次
岭南中国语文学会	1980 年	《中国语文学》	年两次

机构名称	成立时间	创办学刊	举办学会(年次)
韩国中国语言学会	1987 年	《中国语言研究》	年两次
中国人文科学研究会	1982 年	《中国人文科学》	年两次
釜山庆南中国语文学会	1983 年	《中国语文论集》	年两次
忠清中国语文学会	1985 年	《中国学论丛》	年两次
韩国中国语文学会	1970 年	《中国文学》	年两次
中国学研究会	1980 年	《中国学研究》	年两次
中国文学研究会	1981 年	《中国文学研究》	年两次
中国语文研究会	1988 年	《中国语文论丛》	年两次
韩国中国语文研究会	1988 年	《中国语文学研究》	年两次
中国语文论译学会	1997 年	《中国语文论译丛刊》	年两次
韩国中国言语学会	1987 年	《中国言语研究》	年两次
韩国中国小说学会	1989 年	《中国小说研究会报》《中国小说论丛》	年两次
中国语文学会	1994 年	《中国语文学志》	年两次
中国现代文学学会	1985 年	《中国现代文学》	年两次
中国戏曲研究会	1993 年	《中国戏曲研究》	年两次
首尔大学东亚文化研究所	1963 年	《东亚文化》	年两次
高丽大学亚洲问题研究所	1957 年	《亚洲研究》	年两次
韩国外国语大学中国问题研究所	1972 年	《中国研究》	年两次
韩国中国言语文化研究会	1991 年	《韩中言语文化研究》	年两次

二、关于韩国大学汉语相关研究情况

目前在国内,针对韩国大学汉语教学的研究已有一定基础,但对于近十年的韩国大学教育研究相对较少。21 世纪以来,国内研究者较少关注全局性的研究,多数研究主要针对一所大学进行微观研究,或是对韩国汉语教学的宏观介绍,缺乏区别层级性(中学、大学、孔子学院等)的研究。

笔者通过搜索韩国权威的 RISS 学术论文库,关键词"汉语",可以得出2017—2019 这 3 年发表汉语相关论文共 1664 篇。研究方向分析表明:汉语本体研究（语法）630篇，汉语教学研究352篇，汉语翻译研究116篇，汉语文学文化研究495篇，其他71篇。可以看出，韩国本土对于汉语研究主要关注本体研究，包括词语的含义、表达、句法结构，修辞格包括委婉语、禁忌语、隐喻，惯用语，方言考察；也包含音韵学、认知角度、语料库研究等。汉语教学研究包括学习者偏误分析、教材分析、教学思考等。汉语翻译研究多数针对古典文学作品。汉语文学文化研究除文学作品研究外，还包括电影、电视等多种形式探究。

第七节　汉语人才需求情况

随着经济全球化及发展，中国已成为世界第二大经济体，也成为全球第二大进口国。中韩建交三十年，各领域交流也更为深入，截至2019年韩国以19608.2亿美元的金额，成为中国第六位进出口贸易伙伴[①]。一方面是贸易的不断深化，另一方面则是由于老龄化及生育率的降低，出现大学生源减少的现象，而这些因素对市场人才需求造成了影响。针对这一客观事实，韩国各所大学的汉语专业也在努力进行调整，以便应对新变化。

根据资料[②]显示，按专业分类，韩国教育类毕业生的就业率最低，为48.2%。比大学平均就业率（64.2%）低16个百分点。人文学科（56.8%）及自然科学（60.7%）的就业率也相对较低。就业率最高的专业是医学，达到83.9%。工程部门（69.4%）的就业率也高于平均水平。但即使在同一部门内，就业率的差异也取决于大学和专业。在拥有30多名毕业生的人文系中，延世大学的Underwood国际研究专业的就业率最高，达到95%。高丽大学语言学系（84.6%）和东国大学韩语韩文系（83.3%）的就业率也比人文学科的平均水平（56.8%）高出近30%。而韩国整体四年制大学毕业生的平均就业率在2014年为64.5%，2015年为64.4%，2016年为64.3%，2017年为62.6%，2018年为64.2%，2019年为64.4%，基本保持较为稳定的水平。

---

① 数据引自《中国对外贸易形势报告》，http://images.mofcom.gov.cn/zhs/202007/20200701085517058.pdf。

② 数据引自《韩国经济》2020年1月16日报道，www.hankyung.com/society/article/202001159073i。

就业率反映了一定的市场需求,根据韩国教育部官方[①]统计,韩国大学汉语专业毕业生 2019 年就业整体平均值如表 3-27 所示。

表 3-27 韩国大学汉语专业毕业生 2019 年就业整体平均值

类别	全国大学平均值	国立公立大学平均值	私立大学平均值	首都圈大学平均值	非首都圈大学平均值
大学	64.4%	61.2%	65.4%	66.8%	63.0%

韩国整体四年制大学汉语专业毕业生的平均就业率 2019 年为 64.4%,国立公立大学就业率为 61.2%,私立大学则为 65.4%,私立大学汉语专业毕业生就业率高出国立公立大学 4.2%,并高于平均水平 1%;首都圈大学汉语专业毕业生就业率为 66.8%,非首都圈毕业生就业率为 63%,首都圈高于非首都圈 3.8%,并高于平均水平 2.4%。可见位于首尔地区的私立大学汉语专业就业率相对较高。

根据表 3-28 可知,近 3 年本研究调查汉语专业毕业生就业率明显呈现下降趋势。但就汉语专业来看,首尔大学汉语专业的就业率在 2018 年为全国最高,达 95.2%,除中国的影响力日益增强,市场需求增加外,名校效应可能是首尔大学汉语专业保持高就业率的原因之一。但 2019 年呈现大幅度下跌趋势,综合其他高校毕业生就业率,应排除市场需求缩小的主要原因。

表 3-28 调查大学近 3 年就业平均值[②]

各大学汉语专业	2017 年	2018 年	2019 年
首尔大学	92.3%	95.2%	73.9%
高丽大学	86.4%	80.4%	75.7%
延世大学	67.5%	66.7%	50.0%
韩国外国语大学	—[③]	—	—
中央大学	77.8%	69.7%	68.5%

① www. academyinfo. go. kr。
② 数据来源 www. academyinfo. go. kr。
③ 缺失数据。

　　就市场对汉语人才的需求来看,自两国建交后汉语专业招生人数的不断攀升可证明两国经济文化层面的多方面交流越发深入。同时韩国也出现大量低龄化赴中留学的韩国留学生,随着汉语热的兴起,在韩国,汉语能力逐渐从需要变为英语外的第一外语,很多中文系的学生在进入专业之前已具有了极高的水准。同时韩国大学开设大量汉语课程,吸引了大量学生选修课程,让汉语在社会需求层面逐渐呈饱和趋势,但专业性的汉语人才似乎仍有巨大潜力,远不能满足市场需求。林隆志(2014)谈到汉语专业毕业生就业应具备更多领域知识,其分析结果指出,就中文系来说,开设社会科学领域方面课程比重高的学校相对就业率也较高,即不仅仅是汉语及文化课程的学习,针对汉语专业学生增加社会科学领域的课程有机会提升学生们就业率。其还指出汉语专业学生心仪的工作仍多集中于中韩贸易公司、航空公司、旅行社等与国际商务有关的工作,少数有运用中文优势进行创业的想法。

　　金慈恩(2014)对市场需求和本校汉语专业学生的就业需求进行调查,并提出了相应课程的改良方案。考虑到就业市场应与市场需求挂钩,针对千篇一律的单一教学进行改良,采用融合式教学,让学生学习到更多利于顺利融入市场职业的实践性知识。比如,开展某一门融合课程,需要人类学、护理、数学、工程学各个领域的12位教授全部参与授课。再比如开始某一门课程,需要中文教育和工商管理领域的教授联合授课。其核心在于打破汉语专业教师独自教授中文课程,设计课程框架的模式,需要一种与其他专业教师合作讲授的全新模式。例如,"中国公司与商业相关主题",工商管理领域的教师和中国文学领域的教师可共同围绕这一主题,教授给学生相关知识点。这样一来,文科课程的综合质量得到提高、人文社会科学的想象力和洞察力以及艺术创造力得以融合,从而发展出了富于多样化和创造性的文科专业。如此培养出的汉语专业毕业生具备跨学科素养,更容易找到合适的岗位。

　　崔恩熙(2014)对就读四年制普通高等学校汉语专业的大学生进行了问卷调查,并通过对市场需求的分析,调查学生对职业发展方向及相关专业课程之间关系的认知。结果指出,韩国大学汉语专业本科院校就业率低于专科院校,其原因在于课程设计中实操性、实践性较强的课程不多。而从市场需求来看,具有经贸知识,了解中国企业(包括中国企业文化、中国企业案例分析)的复合型人才,以及具备口译、笔译能力(涉及、商务、酒店翻译等)的人才更受青睐。

总体上有关韩国汉语人才需求的研究暂不多见,仅以通过定量数据调查学习者学习动机因素及就业等行为关系的研究为主,仍需全面的数据及分析,该领域仍有待深入研究。

第八节　特点与启示

一、韩国大学汉语教学的特点

(一)特点

综合上述分析,韩国大学汉语教学的特点大致可概括为以下几点。

1.师资方面

韩国本土教师占据主导地位,汉语为母语的教师相对较少但呈现出增长态势,大部分负责口语、高级作文等课程,基本具有良好的韩语水平。汉语教师志愿者大多在孔子学院以及孔子课堂等相关机构教授汉语,大部分以英语授课。

2.学历方面

基本拥有汉语相关博士学位,韩国教师很多都拥有中国(含港澳台地区)留学经历。中国籍教师大多拥有韩国大学中文相关专业留学经历。

3.课程设置

汉语专业相关课程体系完备,语言文学相关科目都开设相应课程,并根据大学自身特点开设各种重点课程。通识课程主要以基础汉语课程为主,较侧重口语。

4.教材方面

各大学依托自身科研力量开发教材,同时市场相关汉语教材丰富,自编及引进教材多元化,学生选择范围广泛。专业课程教科书大多呈现使用本系教师开发教材的现象。

5.教学方法

各大学汉语课程授课语言以韩语为主,汉语授课集中在会话口语课程。教学方法比较先进,以学生为中心,以沟通为重点,注重培养学生独立思考能力。

6.教学设备

各大学具备完善的多媒体设施以及网络,很多学校设有课程摄影棚。

7.线上教学

各大学线上课程开展活跃,线上线下结合较好,并且将很多技术手段运用到汉语教学中,提高教学趣味性及效率。此外,韩国慕课较为流行,Cyber大学(网络)也提供大量免费优质的教学资源,提倡终身学习。

(二)针对性建议

从师资力量上来看,主要以中青年本土教师为主要教学队伍,中国公派教师占有一定比例(16.7%),一定程度上可加强两国学者的交流。可适当增加中国籍的兼职教师人数。这有利于学生增加标准汉语发音的输入量,从初级阶段开始学习地道纯正的汉语发音,并矫正学生的错误发音。

教法方面,不足之处有以下几点。第一,教师在教学中习惯使用本国语言,学生的汉语输入总量少。语言学习要求有一定的语言环境,在非目的语国家教学环境中很难营造语言学习环境。如果教师能够尽可能多使用目标语言,加大语言输入量,可有效快速地提高学生的听说能力。在达到一定的听说水平以后,以汉语学习诸如商务汉语、中国文化方面的课程,可以达到既训练语言技能、又获取文化知识的双重效果,一箭双雕。第二,韩国教师使用多媒体教学的频率不高,方式单一,教学方式多以教师讲解、学生听课为主,师生互动较少。多媒体使用频率不高,尤其是30岁以下的年轻教师,其原因可能是缺乏经验,对多媒体教法使用不够熟练。使用多媒体技术可以给学生带来更新鲜刺激、生动活泼的教学效果,并调动视觉、听觉感官,从而促进学生积极参与课堂教学。

教师需要增加现代教育技术的使用,提升教学效果。传统的课本式教学不足以使学生多维度地了解中国古代、现代的文化、文字等。而多媒体可以向学生呈现多元立体的文化或文字演变,在文化历史类课程中发挥的优势更为明显。教师可结合多媒体教学,综合考虑不同类型的课程特点,充分发挥和利用多媒体的具象性以及多元展示功能,提升学生的学习效果和感官体验,使用丰富的生活语料给学生搭建相关语言场景。教师可提高多媒体使用频率,选择多媒体教学与讲解交叉,调节学生疲乏程度与课程集中度。

　　课程方面,几乎所有院校都开设了语言技能类课程。很多教师希望能开设更多专项目标类(交际功能类)课程("商务汉语"42.9%和"翻译"42.9%)以满足语言服务市场的需要。韩国高校应充分结合社会需求、市场需要、现代社会等各方面因素,不仅要培养有文化修养的语言人才,更要培养出能为语言服务市场直接输送具备一定翻译技能、沟通技能的人才。陆俭明(2016)指出商务汉语教学在当今"一带一路"经济建设背景下起到至关重要的作用,培养兼备语言能力与商务能力的复合型人才可满足现代市场需要。因此,韩国大学的汉语课程应在专项目标类课程方面加大设置比重。

　　教材方面,韩国汉语教材较轻视语言交流与沟通能力的培养,主要是以死记硬背的语法点灌输为主(金铉哲,2015),可理解为缺乏"实用性"和"趣味性"。朴智慧(2013)也指出,韩国汉语教材更具备针对性和趣味性,重视重点句型、主要表达以及文化介绍,而对于"实用性"重视不够。若教材编写轻语言实用性功能,会直接导致学生只机械掌握书本的单词及语法点,而无法运用到实际交际中。在今后的韩国本土汉语教材编写过程中,应特别重视教材的"实用性",以期学生可具备更强的对话交际能力。

二、对汉语国际教育的启示

　　李泉和金允贞(2008)认为教材应具备实用性、趣味性与针对性的特点,因"通用式"教材不能因地制宜地适应当地大学的学时学制设置,教材本身涉及的内容,例如北京地名在当地文化交流语境中应用度低(李泉,2015),因此应结合对外汉语在不同国别语境下的特色,编排贴合当地特色的教材,与当地文化语境匹配程度高。

　　各国本土教材的编写人员应多与其他部门人员进行交流合作,实现学习者、教育者、一线教师、出版社、研究人员多方面沟通、展开有效合作,更加有效地多角度考虑教材开发的目的、结构、具体内容等,开发以实用交际功能为主、辅以汉语语法介绍、中国国情、文化介绍的教材。同时,可多参照近期出版的中国对外汉语权威教材,适当融入一些中国近年文化生活的变化,多从网络或其他媒体渠道获取最新信息,对新的流行话题保持敏锐度。再结合韩国本土的语言环境和真实场景,便可尽量避免教材内容过时。对于现有教材词汇量过大的问题,可针对不同语言水平的教材区分出必须掌握词汇及拓展词汇,语言教材编写者可按照汉语水平考试(HSK)、中国台湾华语文能力测试,或该国自主举办的汉语水平考试(如韩国汉语水平考试)等相关测试的教学大纲,多参照主次分明的原则,合理安排词汇复现频率。

参考文献

崔恩熙,2014.考虑四年制大学生的职业道路改进汉语相关学科[J],中国语言教育研究(20):241-261.(韩国期刊)

韩正恩,2018.施与汉语学习者动机化行为的二语学习动机影响研究[J].中国语文论丛,89:225-275.(韩国期刊)

胡晓慧,金秀景,2009.从韩国汉语教材市场看汉语教材"走出去"[J].中国出版(Z1):45-48.

金慈恩,2014.东亚大学中文系汉语教育衔接计划[J].石堂论丛(10):217-240.(韩国期刊)

金铉哲,2015.韩国汉语教材现状及研发[J].国际汉语教学研究(2):10-12.

李美京,2018.韩国汉语教材分布和开发现状分析[J].汉语教学与研究(28):221-245.(韩国期刊)

李泉,金允贞,2008.论对外汉语教材的科学性[J].语言文字应用(4):108-117.

李泉,2006.对外汉语课程、大纲与教学模式研究[M].北京:商务印书馆.

李泉,2015.汉语教材的"国别化"问题探讨[J].世界汉语教学,29(4):526-540.

李天洙,2004.韩国大学汉语教学状况分析[J].安庆师范学院学报(社会科学版),23(4):115-117.

梁允祯,信世昌,2018.韩国高等教育的中文相关科系类型分析——以首尔地区的大学为范围[J].国际汉语教学研究(2):49-64.

林隆志,2014.浅谈韩国中文系教学课程与就业率现况[J].中国语文学(12):279-304.(韩国期刊)

刘振平,2017.南亚和东南亚国家汉语教学研究[M].北京:中国社会科学出版社.

陆俭明,2016."一带一路"建设需要语言铺路搭桥[J].文化软实力研究,1(2):31-35.

孟柱亿,2008.韩国汉语教育的现状与未来[J].云南师范大学学报(对外汉语教学与研究版)(2):30-36.

宁稼雨,1998.关于韩国大学中文系的汉语教学[J].固原师专学报(1):86-88.

朴智慧,2013.中韩汉语教材比较研究[D].沈阳:沈阳师范大学.

宿捷,宿鸿斌,2008.韩国汉语教学现状简析[J].辽宁师专学报(社会科学版)(5):81-82.

朴庸镇,李玉珠,2011.中国语教育论[M].首尔:韩国文化社.

郑素英,2007.师生汉语教学法效果认识研究[M].首尔:韩国研究财团,韩国研究财团(NRF),项目编号 2007-332-A00206.

Dörnyei Z,2009. The L2 motivational self system[M]// Z. Dörnyei & E. Ushioda, eds.,Motivation, Language Identity and the L2 Self. Bristol, UK:Multilingual Matters:9-42.

Gardner R C,Lambert W E,1972. Attitudes and Motivation in Second Language Learning[M]. Rowley, M A:Newbury House.

第四章　蒙古国的大学汉语教学研究

　　蒙古国地处东北亚,位于中华人民共和国和俄罗斯之间,面积 156.65 万平方千米,人口约 330 万人(2021 年 3 月数据),约 2/3 的人口聚焦在首都乌兰巴托市①。乌兰巴托市位于蒙古国中北部,是蒙古国政治、经济、文化、教育、科学中心。蒙古国与中国在多个领域交流密切,1994 年中蒙签署了《中蒙友好关系条约》,2003 年两国宣布建立睦邻互信伙伴关系,2011 年两国宣布建立战略伙伴关系,2013 年签署了《中蒙战略伙伴关系中长期发展纲要》,2014 年签署了《中华人民共和国和蒙古国关于建立和发展全面战略伙伴关系的联合宣言》。中蒙两国在教育政策方面签署了《1996—2000 年教育交流与合作计划》《中华人民共和国政府和蒙古国政府相互承认学位学历的协定》《利用中国无偿援助款项培养蒙古留学生项目执行计划》《2001 年至2004 年教育交流执行计划》《中华人民共和国教育部与蒙古国教育文化科学部 2005—2010 年教育交流与合作计划》等多项协议。蒙古国汉语教学发展势头良好,喜爱中国的学生不断增加,"汉语热"让蒙古国越来越多的学生选择去中国学习,中国也成为蒙古国学生留学的第二大目的地。

　　目前,蒙古国共有高等院校 180 多所,包括 49 所国立高校、128 所私立高校,蒙古国开设汉语课程的高校主要集中在乌兰巴托(嘉欣,2018)。如今在蒙古国开设汉语课程的大专院校学习汉语的学生总数为 3600 多人,占整个蒙古国学汉语总人数的 34.8%(贡德格玛,2015)。教授汉语语言的汉语教师总量有 70 多人,其中蒙古籍汉语教师数量有 40 人左右(巴特玛,2008)。蒙古国现实行"5＋4＋3"的教育体制,实行国家普及免费普通教育制度(Э. Оюунчимэг орчуулсан,2019),蒙古国教育文化与科技部管理多所大学。根据政府间合作协定,蒙古国与 50 多个国家实施交换留学生政策。近年

---

　　① 数据来自中华人民共和国外交部网站。

来,中国商务部、教育部每年向蒙古国提供 500 多个全额奖学金名额①。蒙古国的汉语教学始于 1957 年,蒙古国国立大学科学院人文学院亚洲学系开设了汉语专业,迄今为止已有 60 余载。由于政治原因,1965—1972 年蒙古国的汉语课程一度中断;1973 年起逐渐恢复。1993 年,蒙古国国立大学成立了汉语教研室,正式恢复了汉语教学。从此蒙古国的汉语教学日益壮大并在最近几年呈现快速发展之势。蒙古国现有 3 所孔子学院,分别为与山东大学共建的蒙古国国立大学孔子学院,与东北师范大学共建的蒙古国国立教育大学孔子学院,与新疆职业大学共建的科布多大学孔子学院②。2008年中蒙双方签署了《关于组织国际汉语教师中国志愿者赴蒙古国任教的协议书》,同年 5 月 2 日蒙古国国立大学与山东大学共建的孔子学院正式挂牌成立,并在该学院设置了蒙古国境内第一个也是唯一一个汉语水平考试(HSK)地点。这所孔子学院的设立标志着中国和蒙古国之间的汉语教育文化合作步入了更高的一个阶段。根据中华人民共和国赴蒙古国工作的志愿者之家 2019年的最新统计,以下大学均有来自中国的志愿者教师:蒙古国国立大学、蒙古国国立教育大学、蒙古国农业大学、蒙古国科技大学、奥特根腾格尔大学、乌兰巴托大学、伊赫扎萨克大学、人文大学、蒙古国国防大学、民族大学、语言大学、杭盖大学、理智大学、中蒙交流国际学校、鄂尔浑大学、设计大学。除此之外,蒙古国开设汉语专业的大学有图格梅勒外语新闻学院、蒙古经济学院、蒙古学院、东方哲学大学等③。

第一节　蒙古国的大学汉语教学现状调查

　　蒙古国的高校汉语教育无论是规模还是质量都呈现出快速发展的趋势。本书通过实地走访、教师对谈、问卷调查法等方式,宏观与微观结合对蒙古国大学汉语教学的现状及问题进行分析,以期得出今后对蒙古国的汉

①　数据来自"蒙古语文翻译事务所"微信公众平台。
②　从中外语言交流合作中心网站信息查获,网址为 http://www.hanban.org/confuciousinsti-tutes/node_10961.htm。
③　笔者查阅"中国赴蒙古国汉语教师志愿者之家"(于 2010 年 1 月 16 日在蒙古国首都乌兰巴托市正式挂牌成立)档案得出此数据。

语推广策略的启示,为汉语教学者和研究者提供一些建议。

由于蒙古国的主体经济是游牧业,除了首都乌兰巴托以外,达尔汗、额尔登等地区的教育条件较差,进行微观调研、问卷调查、数据收集的难度很大。笔者于 2019 年 2 月赴乌兰巴托市的 8 所大学(蒙古国国立大学、蒙古国国立教育大学、蒙古国农业大学、蒙古国科技大学、蒙古国人文大学、乌兰巴托大学、奥特根腾格尔大学、伊赫扎萨克大学)实地调研,以汉语教师为对象实施了问卷调查。问卷内容涉及教师、教学以及教材 3 个方面,共收集到 30 份有效问卷。由于蒙古国高校汉语教师总量仅为 70 多人,本次调查覆盖了近一半的教师人数,且 90% 以上的汉语学习者集中在蒙古国乌兰巴托市。因此,调研团队[①]认为乌兰巴托市这 8 所大学的 30 份问卷数据可较真实地反映蒙古国的汉语教学现状。

根据蒙古汉语教师协会 2007 年进行的调查统计,目前蒙古国有 50 多所大中小学开设汉语课程,学习汉语人数已经达到 4800 余人。开展汉语教学的学校除了位于首都乌兰巴托市以外,还分布在科布多、鄂尔浑、东方省、达尔汗、额尔登特等城市。在地方学习汉语的学生人数约占学习汉语学生总数的 4%,该数据表明蒙古国汉语教学活动还是主要集中在乌兰巴托市(巴特玛,2008)。由于蒙古国开设汉语课程的高校主要集中于乌兰巴托市,本书同时选取位于乌兰巴托市的蒙古国国立大学、蒙古国国立教育大学、蒙古国科技大学、伊赫扎萨克大学、人文大学 5 所大学进行微观调研。这 5 所大学是蒙古国大学中规模和影响力较大的国立和私立大学,学习汉语学生人数占蒙古国大学学习汉语人数的多数,所以微观分析的结果可以更全面一些。由于孔子学院的汉语教学与大学的汉语教学对象及教学目标都不一样,因此本书不考察孔子学院的汉语教学情况。

一、问卷实施情况

本次调查自 2019 年 2 月开始收集问卷,截至 2019 年 4 月共收集到 30 份有效问卷,均为现场收集。参与此次调查的教师中蒙古国国立大学有 7 名,蒙古国国立教育大学 4 名,蒙古国农业大学 2 名,蒙古国科技大学 3 名,奥特根腾格尔大学 4 名,国立乌兰巴托大学 5 名,人文大学 2 名,伊赫扎萨大学 3 名。

---

① 由当时在蒙古国国立大学留学的苏木布尔负责实地调研。

二、调查结果

(一)师资基本情况

回答问卷的 30 名教师中,中国教师 15 名,蒙古国教师 15 名。大部分中国教师以志愿者的形式在大学教汉语,年龄多为 20～30 岁,教龄 0～5 年;蒙古国教师中,年龄层在 31～40 岁区间的最多(占 53.3％),41～50 岁区间的占 40％,20～30 岁区间最少(占 6.7％)。

30 名教师中,23 名教师的最终学历专业为汉语国际教育、汉语言文学、汉语师范、翻译学,占全体的 76.7％,其余 7 名为民族学、历史学、新闻学专业。汉语相关专业的教师占近八成,教师在汉语语言理解方面具有较强的专业性。

另外,是否参加过汉语教师培训和教师自身通过的 HSK 等级也会影响教学的方式和质量。30 名调查对象全部参加过相关的汉语教师培训。15 名蒙古国汉语教师中有 13 名参加过 HSK 考试[①],占 86.7％;其中有 7 人通过六级,3 人五级,3 人四级。

(二)课程设置与教学方法

1. 课程设置

本次实施的问卷调查有 14 题调查课程设置和教学方法。问卷将汉语课程的类型分为 4 种:①汉语专业课程;②第二外语;③公共外语;④其他课程的附属教学。结果显示,在蒙古国大学的汉语课程中汉语专业课程占比最高,为 86.7％。蒙古国的汉语课堂人数多集中在 11～20 人和 21～30 人这两个区间内。教师的教授课时以一周 9～12 节课居多。在具体的课程设置方面,开设最多的还是口语课程和综合课程,最少的为商务汉语。选项中未列出且补充填写的课程有语法课、文化课和文学课(详见表 4-1)。

如表 4-2 所示,在希望开设的汉语课程中,中国文化第一(46.7％),其后依次为商务汉语(33.3％)、阅读(26.7％)、中国概况(26.7％)、翻译(23.3％)、中国历史(23.3％)。补充填写的其他希望开设的课程有:汉语语法、会话、当代文学、写作课。

---

① 其中有三位取得旧 HSK 六级,其余均为新 HSK 等级。

表 4-1　已开设汉语课程(多选题)

选　项	小计/人	比例/%
综　合	25	83.3
口　语	22	73.3
听　力	21	70.0
写　作	15	50.0
阅　读	19	63.3
翻　译	14	46.7
商务汉语	1	3.3
如选项中没有,烦请补充	3	10.0

表 4-2　希望开设的汉语课程(多选题)

选　项	小计/人	比例/%
中国文化	14	46.7
中国历史	7	23.3
中国概况	8	26.7
商务汉语	10	33.3
阅　读	8	26.7
翻　译	7	23.3
如选项中没有,烦请补充	4	13.3

　　由现有课程设置来看,蒙古国大学的汉语教学注重对学生口语和听力能力的培养,对写作及翻译能力不够重视。这是因为蒙古国学生普遍认为写作是件困难的事情,学校也怕学生们在课堂上由于语言贫乏、没有思路导致学生的汉语学习兴趣下降,因此较少开设写作课。另外,商务汉语课程开设过少,仅有 1 位教师选择学校有该门课程。而因为商务汉语具有较高的实用性,汉语教师们迫切希望可以开设商务汉语这门课程。

　　2.教学方法

　　本研究对授课使用中介语、是否让学生设定场景对话、是否重视语法教学、是否翻译课文、是否使用多媒体、是否使用网络平台等方面进行了调查。

中介语方面,56.7%的教师会使用蒙古语和汉语(其中中国汉语教师志愿者5名),26.7%的教师全部使用汉语(均为中国汉语教师志愿者),6.7%的教师会使用英语(均为中国汉语教师志愿者),10%的教师全部使用蒙古语授课(均为蒙古国教师)。选择教师说话时间的比例占课堂时间50%和70%的最多,分别为50%和30%。在具体的教学方法方面,100%的教师都会设定一个场景让学生进行对话,86.7%的教师会重视语法讲解,76.7%的教师会在课堂上翻译课文,86.7%的教师会使用图片、教具或多媒体等其他辅助教学工具,53.3%的教师会使用网络平台辅助教学。多媒体使用频率为每两次课使用一次的有36.7%,每堂课都使用的有20%。由此可见,蒙古国的大学汉语教学方法将翻译法等传统的教学方法和趣味性较强情景教学法或使用多媒体网络结合了起来。

问卷第11题为询问教师具体使用教学法的开放式填空题。蒙古国的汉语教师们填写了交际法、情景法、小组讨论法等。蒙古国的学生与中国学生比较腼腆、拘谨不同,他们习惯于自由的交际式授课法。目前蒙古国的汉语教师都很注意这一点,在课堂上尽量让学生们感觉不到压力,自由地学习。

(三)教材

1.教材使用情况

蒙古国大学的汉语课程多使用中国大陆出版的教材。蒙古国国立大学汉语基础课程使用了北京语言大学出版社出版的对外汉语本科系列教材《汉语阅读教程(修订本)》(彭志平,2009)、《汉语听力教程(修订本)》(胡波等,2010)、《汉语口语教程》(郭颖雯等,1995)和人民教育出版社出版的《快乐汉语》(李晓琪,2014)。进阶课程教材由教师自己准备。蒙古国伊赫扎萨克大学所用的教材是北京语言大学出版社的对外汉语本科系列教材《汉语教程(修订本)》(杨寄洲,2006)。蒙古国人文大学(私立)外语学院中文系使用北京大学出版社出版的《博雅汉语》(徐晶凝等,2005)和《速成汉语基础教程》(郭志良等,2007)。本次调查对象中使用蒙古国出版教材的占6.7%,所有高校均使用中国大陆出版的教材,使用教师或学校自编教材的占26.7%。

2.教材满意度

在教材满意度方面,33.3%的教师表示非常满意,56.7%的教师表示基本满意,10%的教师不太满意。不满意的具体理由中,教材太老,不符合现实情况的占100%,不符合本国实际的占66.7%,语法太多的占33.3%。由此可见,蒙古国汉语教师对于其使用的教科书基本满意,但还是希望能有更合适的教材。不满意的教师主要认为蒙古国教材种类少,更新慢,太老,不符合中国现状,不结合本国实际。

第二节　师资队伍分析

蒙古国国立大学是蒙古国最高学府,成立于1942年10月5日,是蒙古国国立重点综合型大学,本部坐落于蒙古国首都乌兰巴托,在科布多、扎布汗和鄂尔浑省亦设有分校。学校由12个院系组成,开设80多个专业。蒙古国国立大学中文系现有11名汉语教师,教授8个本科班的200多名大学生。蒙古国国立大学非常重视与其他国家的学术交流,与中国的北京大学、内蒙古大学的交流合作频繁,每年均派遣留学生到中国的各个高校交流学习。

蒙古国国立教育大学,亦称蒙古国师范大学、蒙古国国立师范大学,成立于1951年,其前身是蒙古国国家教育培训学院,是蒙古国培养师资力量最大的学府,在进行教育学领域教学科研的同时也讲授和研究蒙古国地区历史文化、文化特性等相关文化学内容。在50多年的发展历程中,该校为蒙古国培养了上万名专业人才,在诸多领域做出了巨大贡献。蒙古国国立教育大学致力于培养众多专业领域的教育人才,始终如一地坚持认真严谨的治学态度,努力与国际接轨,为学生的健康成长创造良好的环境,注重学生人际沟通能力及专业技能的培训,为学生展示自身特长提供机会。蒙古国国立教育大学汉语言教师班,自1993年以来隔年招生,到1998年开始调整为每年都招生。如今,与蒙古国国立教育大学有4名汉语教师。与蒙古国国立教育大学建立合作关系的中国高校有:内蒙古师范大学、赤峰学院、呼伦贝尔学院、内蒙古民族大学、呼和浩特民族学院、乌兰察布师范学院、包头师范学院、二连浩特国际学院、鄂尔多斯职业学院等①。

---

① 由旭德国际服务提供数据。

蒙古国伊赫扎萨克大学是蒙古国规模较大的一所私立大学,在蒙古国高校中排名第五,学校下面设有 10 个学院。2008 年,伊赫扎萨克大学成立了汉语言文化学院,是蒙古国第一所也是唯一一所单独去进行一种语言学习的专业汉语学院(贡德格玛,2015)。多年来,该大学与韩国、马来西亚的部分高校和中国的内蒙古师范大学、河北大学、天津工业大学等高校有着密切的合作关系,伊赫扎萨克大学在办学和教学的多方面工作上取得了优异的成绩,被评为蒙古国科研教学优秀单位,是蒙古国 5 所获评的优秀高校之一,学校曾多次获得国内外高级奖项(索伦嘎,2012),现有 7 名汉语教师[①],125 名汉语学生。

蒙古国科技大学于 1959 年建校,其前身为蒙古国国立大学工程学院,是蒙古国具有较高知名度、以工科类专业为主,多学科、多层次的综合性大学,是蒙古国的教育和科学研究中心之一。该校由包括外国语学院及人文学院在内的 17 个学院和 3 个研究所,以及 36 个实验和技术中心构成,设立 89 个本科专业。目前与美国、日本、韩国、中国、俄罗斯等国家的多所高校保持着教学科研合作。蒙古国科技大学外语学院亚学系自 2009 年开设汉语课程,现有 7 名汉语教师,200 多名本科生。

蒙古国人文大学(私立)是蒙古国最早设立汉语专业的大学之一,为蒙古国培养了许多优秀的汉语翻译人才和汉学家,为蒙古国的汉语专业做出了一定贡献。外语学院的汉语专业是该大学的热门科系,现有 2 名汉语教师,150 名学生。一年级有 72 名学生,二年级有 32 名学生,三年级和四年级分别有 24、22 名学生,由中国访问教师授课,采用中国汉语教材,并参加中国汉语资格考试。

综合看来,蒙古国大学汉语教师的特征主要有以下三点。

一、专业对口,但学历偏低

本书调查数据显示蒙古国大学汉语教师学历中,取得博士学位的教师占比 11.11%,硕士占比 38.89%,学士占比 50%。汉语言文学、翻译学专业的教师居多(占 76.7%),蒙古国从事汉语教学的本土教师毕业于汉语相关专业的占 73.3%,在对语言的理解及研究方面专业性较高,其中也有汉语国

---

① 2019 年笔者走访时数据。

际教育硕士和中国现当代文学、语言学博士。索伦嘎（2012）调研了伊赫扎萨克大学的汉语教学情况，师资队伍中具有学士学位者 12 人，占全部汉语教师的 80%，具有硕士学位者 3 人，占全部汉语教师的 20%。依据嘉欣（2018）的统计数据，蒙古国国立大学的汉语教师获得博士学位的人数占到了总人数的 50%。结合以上数据，笔者认为，蒙古国大学汉语教师专业对口性强，但是具有博士学位的教师占比偏低。

二、志愿者多，但流动性大

中国派出的汉语教师志愿者可以说是蒙古国汉语教学的中坚力量，目前在蒙古国大学教授汉语的中国教师中，志愿者教师人数多于专职教师和公派教师。就伊赫扎萨克大学为例，汉语教师 15 人左右，其中 1 人为学校特聘汉语教师，其在学校已工作 10 年，其余 14 名，均是国际汉语教师志愿者（仇晴，2017）。2005 年 10 月，中外语言交流合作中心（时称"国家汉办"）向蒙古国派出首批 12 名志愿者，2007 年增加到 54 名，2008 年中蒙两国签署了《关于组织国际汉语教师中国志愿者赴蒙古国任教的协议书》，此后中国派出汉语教师志愿者数量呈现逐年递增的趋势。他们被安排在蒙古国的大中小学任教。但是志愿者的工作时限通常是 1～3 年，人员流动性很大，会直接影响学生的学习质量和汉语教学质量。本次问卷中对外籍教师来源的调查结果显示，蒙古国的中国教师中，汉语教师志愿者数量最多，占 76.7%。

三、受过培训，但是数量不足

近年来中蒙两国关系发展进入快车道，特别是 2014 年习近平主席对蒙古国进行国事访问，将两国关系提升为全面战略伙伴关系，两国人员往来愈加频繁。随着中蒙关系的不断发展和中蒙在经贸、文化等各个领域交流的不断扩大，蒙古国学习汉语的人数急剧增加，汉语师资匮乏。山东科技大学从 2013 年开始向蒙古国立科技大学测绘学院派送一名汉语教师，以缓解师资紧缺的压力，辅助汉语教学（王丽静，2016）。

蒙古国高校的汉语教师主要有以下三种：第一种是来自本土的汉语教师，第二种是蒙古国聘用的来自中国的汉语教师，第三种是中国的公派教师和中国的汉语教师志愿者（嘉欣，2018）。蒙古国的教学检查非常严格，汉语教师志愿者在赴蒙古国教学前都会接受系统培训。赴蒙的培训点在长春的吉林大学,吉林大学会安排全面的课程,然后根据培训的结果成绩分派教学点,如果培训不合格就不能派出。蒙古国教师也受过相应的培训,他们会来中国受训,中国也会派专家到蒙古国讲课。每年中蒙两国之间都会互派教师进行汉语教学的培训和交流。部分赴蒙的汉族老师也会一点日常蒙语。在他们赴任之前,中国也会为志愿者教师开设蒙语培训班。蒙古国大学的学生汉语零基础的较多,学习一些蒙语方便和当地教师及学生沟通交流,有利于汉语教学顺利开展。在蒙古国大学平均一名教师要负责四五十个学生的汉语学习,虽然专业对口,受过培训,但是对于一门外语课程来说师生比严重失衡。而且,汉语教师志愿者会在一定任期后回国,这也将导致教师数量波动并影响教学质量。

由于蒙古国大学的汉语教师本身已具备扎实的汉语言文学功底,也都参加过汉语教学培训,所以蒙古国汉语教师具有较强的专业能力。为了让蒙古国学生们具有更高的汉语水平及中国文化的理解能力,应增加汉语教师数量,并可多选择通晓蒙古语的中国蒙古族教师。他们没有语言障碍,在教学过程中可以与学生进行互动和沟通,使学生对汉语产生更大的兴趣。

与此同时,教师数量增加后要让本国教师与中国教师协同授课。蒙古国教师理解当地的文化、当地的语言教育政策,而中国教师则有纯正的汉语发音和正确的语言表达。两者协同授课能使学生跟着中国教师习得更标准的发音,跟着蒙古国本土教师更好地理解语法知识。

第三节　课程设置分析

汉语教学关涉到汉语言文字学、应用语言学、教育学、心理学、文学以及文化、艺术等多个学科,其核心任务与内容是汉语言文字教学,其出发点和终极目标是让国外愿意学习汉语的学习者,学习、掌握好汉语,培养他们综合运用汉语的能力。因此,汉语教学总的指导思想应该是:"怎么让一个零起点的外国汉语学习者在最短的时间内能尽快、最好地学习掌握好他希望学的而且是应该学习掌握的汉语"(陆俭明,2007)。蒙古国实行九年义务教育政策,全国 15 岁以上人口的文盲率只有 2.2%。蒙古国语委 2007 年的工作总结表明,"参加研究的人里懂英语的占 74.4%,懂俄语的占 65%,懂汉语的占 5%。85% 的人认为在未来英语重要,46.4% 的人认为在未来汉语重要。所以蒙古国的语言政策主要针对这两种语言"(格日乐玛,2016)。可以看出蒙古国的相关机构部门非常重视汉语教育。

蒙古国国立大学的主要课程有汉地研究和蒙汉翻译,旨在培养出优秀的汉蒙翻译人才。根据学习时长不同,各年级分别开设不同类型的课程。一年级开设词汇、口语等语言基础技能课,二年级开设翻译及语法课,三年级开设具有一定难度的翻译和文学课程,四年级开设中国历史、古代汉语等进阶课程。蒙古国国立教育大学人文学院东方语言系汉语专业有语音、听力能力拓展(1,2,3)、阅读能力拓展(1,2)、口语能力拓展(1~5)、汉字(1,2)、写作能力拓展(1,2)、应用语法(1,2,3)、词汇应用(1,2)、汉语语言学理论(语音学、语法、词汇、句法)、翻译理论与实践、汉地学、汉文文学等必修课,翻译学、修辞学、汉文化渊源研究、汉语语言研究方法论等选修课。蒙古国国立教育大学的学生如果本科二年级顺利通过新 HSK 二级的考试,将有可能获得东北师范大学一年的交换生资格;第三年开始跟随中国教师做试讲实习生,到第四年可以做实习教师。这些政策都在激发着蒙古国学生学好汉语的热情。蒙古国伊赫扎萨克大学开设的课程有基础汉语、高级汉语、中国文学等课程,旨在培养具有良好综合素质的人才。蒙古国科技大学为其工科学生开设了汉语综合课、汉语听说课、汉语读写课、口语课和汉字课等课程。蒙古国人文大学为培养汉语教师和翻译团队,除开设了旨在提升口头表达能力与听力水平的汉语以外,还开设了书面翻译、公文翻译、汉语语言学比较文化学等课程。

综合看来,蒙古国大学的汉语课程有如下三个特点。

一、汉语专业教学为主流

蒙古国高等院校的汉语课程大致分为三类:第一类为专业课程,是为汉语专业学生设置的学习课程;第二类为选修课程,是为非汉语专业的汉语爱好者设置的课程;第三类为辅修专业课程,是为辅修第二学位的学生设置的课程(嘉欣,2018)。

蒙古国大学的汉语课程总体以专业教学为主流。汉语专业课程每周课时只有十节左右,多重视口语和听力能力的培养,缺乏写作与翻译能力培养,有的课程每周只有一次。蒙古国大学目前开设的汉语课程有培养基础语言能力的"口语""会话""听力""阅读""翻译"课程和提升对中国文化理解的"中国文学""中国历史""汉地研究"等课程,开设"商务汉语"课程的高校极少。

　　蒙古国国立大学规定,学生在校期间必须修满 9 个学分的第二外语课程,可供选择的语种有汉语、日语、韩语、阿拉伯语、俄语、德语和法语。2015年规定在本科一年级各专业的语言学习中,汉语、日语、德语、俄语为两个学期的连续课程。学校开设翻译课程的外语语种有英语、俄语、汉语、日语、韩语等;语言学课程包括蒙语、日语、汉语、德语、俄语;语言文学课程包括蒙语、日语、汉语、英语。蒙古国科技大学能源工程学院的电力专业有与中国高校合作的"2＋2"项目,要求前两年学习汉语课程;而该校的人文学院则要求各专业学生在本科一年级修读语言文化课程,根据专业需要可选俄语、汉语和日语课程。

二、课时少,课程分配不均

　　蒙古国高校中有 20 多个高校设有汉语的专业课程,学制为 4 年,平均周课时为 10 学时;汉语选修课程一般为 1～2 个学期,平均周课时为 4 学时;辅修专业课程学制为 2～4 年,平均周课时为 6 学时(嘉欣,2018)。

　　蒙古国大部分高校汉语专业现在开设的课程主要有"口语""听力""语音""词汇""语法"和"阅读",部分高校开设了"综合汉语"课程。每种课程的课时都不一样,如口语课每周只有一次,导致学生只会读不会说。汉语语法方面的课程课时和练习也较少,这导致学生容易出现汉语语法错误。语言学习需要全面训练听、说、读、写四大技能,在设置课程的时候,要想提高教学质量,应系统地、全面地将这四门课程均匀安排,而不能偏重某一项(艾美,2018)。

三、缺乏商务汉语课程

　　与俄语、英语相比,近年来蒙古国学生更热衷于学习汉语,有不少蒙古国家长选择让孩子从孩童时期接受汉语教育。调查中询问学生学习汉语的原因,有学生回答"把汉语学好了就不担心找工作了",还有部分学生回答"是父母建议的"。不管是出于审时度势的考虑,还是遵从父母之命,中蒙两国的频繁来往都直接影响着蒙古国的学生们。据人民网乌兰巴托 2019 年 4

月 22 日报道①,在蒙古国第三届汉语人才推介会上,中国银行乌兰巴托代表处、国航乌兰巴托营业部、华为蒙古分公司、蒙古顺丰公司、中兴通讯蒙古分公司等 30 余家中资企业设立展台,为蒙古国学子创造了更多的就业机会。中国驻蒙古国大使馆文化处李参赞表示,"一带一路"倡议对懂汉语的复合型人才需求迫切。

放眼全球,商务汉语教学发展迅速并且潜力巨大,目前中国已出版各类商务汉语教材八十余种,但是本次调查发现蒙古国大学的商务汉语课程开设得很少,而许多汉语教师非常希望开设这门课程。

中蒙两国是山水相连的友好邻国,两国经济互补性强,合作潜力大。近年来,两国关系在相互尊重,平等互利的基础上取得了长足发展,也带来了实实在在的利益。中国商务部副部长钱克明说:"中国连续十年保持了蒙古最大贸易伙伴国地位。""此外,中蒙两国经济技术合作不断深化,双边合作机制持续创新。中方多年来为蒙方建立了一批基础设施、民生和生产型项目,并为蒙方培训各领域的 3600 多人,促进了蒙古国经济社会发展。中蒙双方积极发挥中蒙经贸联委会的作用,协调和推动双边务实合作和重大合作事项。"②中国"丝绸之路",蒙古国"发展之路"以及俄罗斯欧亚经济联盟互相衔接,三国确立了"中蒙俄经济合作走廊发展规划",在可预见的未来中蒙之间的经贸关系还将进一步加深。预计今后蒙古国对于汉语人才,尤其是通晓商务汉语的人才需求也会增加,因此大学也应该有意识地加强针对经济、商务、经贸专业学生的汉语教学。

第四节　教学方法分析

一、注重师生互动,传统与现代相结合

近几年来,蒙古国汉语教师越来越注重师生互动。外语学习,如果只是一味由老师在课堂上灌输知识,效果不会太好,只有走进生活中,去实践,或

---

① 引自"蒙古国举办第三届汉语人才推介会",中国侨网公众号,4 月 22 日推文。
② 2017 年 8 月 1 日在北京举办的第二届中国—蒙古国博览会新闻发布会上的讲话。

者由老师和学生多做交流,这样的汉语教学才能事半功倍(贡德格玛,2015),挤出一点课堂时间让学生进行情景对话,自由发挥有助于保持学生的学习兴趣。传统的翻译法固然有它的好处,但是在科技日新月异的今天,如果还只用老办法会使学生失去学习兴趣。要想上好一堂汉语课程,教师首先要做的事是想尽办法使学生对汉语课产生浓厚的兴趣。"兴趣是最好的老师",是推动人去寻求知识和从事工作的一种内驱力。在课堂教学中,学生有了兴趣,就可以形成一种获取知识的强烈欲望,能够轻松地克服学习中遇到的困难,自然地由被动接受知识变成主动学习知识(天峰,2006)。语言最普通、最日常的用途就是与别人进行对话。

本次调查结果显示,100%的蒙古国大学汉语教师都会设定一个场景让学生进行对话,86.7%的教师会使用图片、教具或多媒体等其他辅助教学工具,53.3%的教师会选择使用网络平台辅助教学。综合利用多媒体网络平台和传统教学方法,可有效提升教学效率。蒙古国学生比较活跃,天性向往自由,所以他们更喜欢开放式的课堂。由调查结果可以看出近年来蒙古国的汉语教师在使用各种现代教育技术方面已取得长足进步。现在乌兰巴托市的教学环境普遍很好,教学设施齐全,利用这些有利条件可以调动学生的学习积极性。在数字化环境中,为学习者创造一个有利于交互的语言环境是开展国际汉语教学的前提,而交互性学习环境的设计离不开学习活动的设计,学习者更倾向于在电脑、手机、电子阅读器等数字化阅读设备上阅读教材(国家语言文字工作委员会,2018)。这些基于网络、移动设备等在大数据时代的现代化教学法亦是今后蒙古国汉语教学的关注点。

二、穿插英语作为中介语

本次调查发现,蒙古国的汉语教师同时使用蒙语和汉语上课的占比为56.7%,但是在特殊情况下,会使用英语作为中介语。比如在解释"水泥,沉迷"等词的时候就需要使用英语解释,因为蒙古国的部分术语和我国内蒙古自治区的术语有些许差别。1959年召开的内蒙古自治区蒙古语文第二次会议上,王才天同志讲道:"我区是一个蒙汉民族长期共同生活,共同繁荣的多民族自治区。所以要正确地理解各民族间借词是不可怕的而且还是必不可少的。"1924年2月28日,蒙古国名词术语委员会召开的会议则明确规定:可以直接翻译的就翻译,要简明易懂。2003年6月3日,蒙古国通过了《关于国家公务活动语言》的法律。其中第 5 章第 18 条明确指出：在有规范的蒙古语术语时，不能使用外来术语。

三、巧用小组讨论法

小组讨论法是现在广为流行的一种新理论、新学习方式、新方法。这种理论在 18 世纪初从英国发起，20 世纪七八十年代达到了实践性的突破。

本次调查中发现，蒙古国汉语教师在课堂上除采用母语翻译法、情景教学法、部件组合法、肢体语言法、阅读教学法、听力教学法、艾宾浩斯遗忘曲线记忆法（郭颖，2010）以外，还会巧用小组讨论法。蒙古游牧民族特有的开放性造就了蒙古国人胸怀开阔、向往交流、慷慨好客的性格，所以学生活泼好动，开朗豪迈，尊敬老师，易于沟通交流，勇于表现自己，善于团体合作，容易建立起良好的师生关系及团队关系。因此，蒙古国学生很适合"协作学习"（金枚等，2016）。

汉语与蒙古语有着明显的差异。汉语属于汉藏语系汉语语族，是孤立语，缺少词形变化，词序很严格。蒙古语则属于阿尔泰语系蒙古语族，是黏着语，它的构词法、构形法以词干附加法为基础。如在教学中通过小组讨论法，引导学生讨论汉语与蒙语的差异，可以起到激励蒙古国学生互相学习，相互促进的作用，学生在教师的组织和引导下一起交流协商，纠错扶正，共享集体思维成果，在群体中共同进步，提升教学质量。

第五节　教材分析

对外汉语教材在汉语作为第二语言教学的过程中有着举足轻重的作用，它是教师与汉语学习者沟通的主要媒介，教材是他们学习汉语，接触中国的重要途径之一，好的对外汉语教材，不仅可以诱发学生对汉语浓厚的兴趣，还可以有效地巩固其汉语知识和提高汉语交际的能力，同时也给海外汉语教师的教学提供了便利。

针对蒙古国的汉语教材已有一定的研究基础。金枚等（2017）认为"蒙古国学生目前只能使用国内出版的对外汉语通用型教材——在中国大多用英文注释的通用教材；在蒙古国大多加上蒙古文字注释的'注释教材'。汉语教材缺乏针对性是造成蒙古国学生汉语语音教学水平低下的主要原因，蒙古国学生急需国别化汉语教材"。刘琳（2012）认为"蒙古国没有统一的教学大纲、学校教材使用不一致，课本短缺现象很严重"。蒙古国高校汉语教材大致有以下三个特点。

一、中国大陆教材使用率高

蒙古国大学的汉语教学多使用中国大陆出版的教材。如：蒙古国国立大学基础课程的教材有《汉语阅读教程》（彭志平，北京语言大学出版社，2009）、《汉语听力教程》（胡波等，北京语言大学出版社，2010）、《汉语口语教程》（郭颖雯等，北京语言大学出版社，2003）和《快乐汉语》（李晓琪，人民教育出版社，2014），进阶型课程的教材则由教师自己准备。蒙古国伊赫扎萨克大学所用的教材是北京语言文化大学出版社的对外汉语专业全日制本科系列教材《汉语教程》（杨寄洲，2009），这套教材难度较小、但是内容丰富、比较系统。蒙古国人文大学使用的课本有《博雅汉语》（徐晶凝等，北京大学出版社，2005）和《速成汉语基础教材》（郭志良等，北京大学出版社，2007）。这些中国教材版本较老，很多内容已不符合现在中国的实际情况。

教材是课程内容的载体，连接着学生和教师，在教学中起着关键作用，编写适合蒙古国学习者的本土汉语教材是蒙古国汉语教学的一大要务。应鼓励本土教师编写并出版汉语教材，"国别化教材应主要由当地学者负责编写，我国学者不应越俎代庖"（文秋芳，2019）。

二、数量及种类有所增加

随着中蒙两国交流不断密切，加之前人研究已多次指出蒙古国汉语教材缺乏的问题，目前蒙古国的汉语教材在数量和种类上与之前相比已有所发展。当然教材数量匮乏、种类少的问题并非一朝一夕便能解决。目前，蒙古国的汉语教材已覆盖到听、说、读、写各个方面，引进了北京语言大学出版社的对外汉语本科系列教材《汉语语音教程》《汉语听力教程》《汉语口语教程》《汉语阅读教程》《汉语写作教程》《汉语词汇教程》等。虽然仍没有解决目前数量少，种类稀缺等问题，但在一定程度上对蒙古国在汉语教学上存在的问题有所缓解（嘉欣，2018）。

三、教师自行编撰资料较多

在蒙古国国立大学汉语专业的 4 年课程安排中,共有 22 门课程,其中有 40.9％的课程没有相应的教材,授课教师需根据课程相关安排给学生准备相应的学习资料(嘉欣,2018)。蒙古国高等院校和中小学的汉语教学基本使用中国北京语言大学出版社的教材,但如蒙汉/汉蒙翻译、汉语语法、蒙汉对比语法等课程大多没有教材,由教师自行收集材料编撰(艾美,2018)。

笔者认为蒙古国基础级别的汉语教材应由蒙古学者编写,因为他们比较了解当地的语言政策、当地文化和学生基本情况。随着年级的升高、知识需求量的增加,教材应由中国学者与蒙古国学者合作编写。这样更有利于结合蒙古国国情、文化,编写贴近蒙古人的思维习惯、兴趣点,符合其学习水平的教材。编写可以反映中蒙文化差异,兼具实用性、科学性和趣味性的语言和文化相结合的教材,有利于提高蒙古国学生学习的主动性,是蒙古国汉语教学的重中之重。纯语言的学习是枯燥乏味的,把汉语语言的学习和中国传统文化的体验相结合,不仅能使课程形式更加丰富,还能让蒙古学生沉浸式了解中国文化,培养出学习汉语的浓厚兴趣。

第六节　特点与启示

一、蒙古国大学汉语教学的特点

(一)特点

综合本章分析,蒙古国大学的汉语教学特点可概括为以下几点。

1. 师资方面

师资数量严重缺乏,教师多专业对口但学历偏低;汉语教师志愿者人数多,流动性大,影响教学的一贯性。

2. 课程方面

以汉语专业教学为主流;课程基本覆盖语言技能类各种科目,但课时少,偏口语教学,书面语能力培养不足;缺乏商务汉语课程。

3.教学方法方面

注重师生互动,以学生为中心,会灵活使用小组讨论法,注意传统教学方法与新型教学法相结合。

4.教材方面

多使用中国教材,极度缺乏本土教材,许多涉及蒙汉翻译、语法方面的课程需教师自备上课材料。

(二)针对性建议

1.加强双语师资队伍培训

在蒙古国大学从事汉语教学的本土教师中31～40岁的较多,正属于年富力强并有一定教学经验的年纪,蒙古国教师的汉语语言知识和汉语会话能力相对较差,主要以蒙语＋汉语或纯蒙语方式授课。而中国的汉语教师志愿者都是20～30岁,教学年龄为0～5年的年轻教师,大多专业对口,对工作富于热情,但是平常以汉语授课,不能熟练地使用蒙古语进行交流。因此要加强蒙古国双语教学师资队伍的培训,定期为蒙古国教师进行中国语言文化培训,为中国派去的教师进行蒙古语培训①。

2.增加翻译课程的课时

蒙古国蒙汉翻译家协会蒙方主席、蒙中友好协会秘书长其米德策耶认为,在全球"汉语热"的背景下,精准的翻译对拉近蒙中两国人民感情、促进两国友好关系有促进作用。

随着中外经贸往来和"一带一路"建设的迅速推进,汉语的实用价值日益凸显,国外汉语教学迎来新的契机。汉语国际传播或者说汉语国际教育,最重要、最直接的任务是想方设法帮助外国的汉语学者尽快、尽好地学习掌握汉语,特别是汉语书面语,不能偏离这个核心任务(国家语言文字工作委员会,2018)。蒙古国大学的汉语教学比较注重口语和听力练习,而轻视了写作和翻译课程。蒙古国国立大学虽说旨在培养翻译人才,但是翻译课程一周只有一两节课。笔者认为,教师课堂上进行课本翻译并不会对汉蒙翻译或蒙汉翻译有积极的影响,增加翻译课程的课时,做专门的翻译实践练习才能使学生们巩固技能。翻译能力的增强能提升学习者的自信心和就业率。在区域合作、人文交流扩大的今天,翻译人才于社会不可或缺。

---

① 2015年3月2日首届中蒙翻译研讨会上的发言,原文参见以下网址:http://www.xinhuanet.com/world/2015-03/02/c_1114492747.htm。

3.加快开发本土教材

蒙古国本土教材极度匮乏,亟待开发本土教材。我国内蒙古大学等内蒙古自治区大学的国际汉语教师可加强与蒙古国大学的汉语教师合作,共同编写准确把握蒙古国学生学习汉语的难点,符合蒙古国学生习得规律,能突出体现中蒙文化差异,提升学生学习兴趣的蒙古国本土汉语教材。

二、对国际中文教育的启示

(一)提高双语教育水平,提升汉语教学能力

目前,除中国以外,全球学习使用汉语的人数,已超过1亿。随着中国经济的发展及国际地位的不断提高,汉语也在全球逐渐推广开来,这为很多会汉语的海外华人、留学生及在中国的留学生提供了就业的新机遇。参与本书问卷调查的蒙古国汉语教师普遍认为蒙古国学生学习汉语的目的是了解中国,促进本国与中国的友好、找到一份好工作。语言是文化的载体、语言是交流的工具,在世界多极化、经济全球化、文化多样化的今天,人与人之间的语言沟通显得尤为重要。双语教育可帮助人们更加轻松而又深入地理解文化差异,增强同理心,实现顺畅的语言沟通。

我国内蒙古自治区的蒙古族居民以蒙语为母语,可以利用这项语言优势,在选派教师志愿者时,偏重选择通晓蒙古语的蒙古族教师。但我国少数民族教师普遍存在汉语普通话读写水平偏低的问题,这也成为我国少数民族汉语教师的短板。推行蒙古语与汉语并重的双语教学,是实施多元文化教育的一种手段,符合当今世界的发展趋势。在实行双语教育的过程中,不仅能够学习到其他民族的文化知识,还能够通过本民族的语言文字学习、了解民族的文化与历史,这有利于民族传统文化的保留与发展。同时,随着我国经济建设的发展和改革的不断深入,各地区之间的交流日益广泛,大量的政治、经济、文化、科学技术等信息主要靠汉语传播(天峰,2006)。因此需要我国从基础教育阶段加强对少数民族聚居区的双语教育普及工作,在达到听说无障碍目标的同时加强对少数民族同胞汉语读写能力的教学。

(二)培养国外汉语教师的跨文化能力

汉语国际推广担负着中华文化"走出去"的重要使命,而完成这一使命的国际汉语教师,作为中华文化"走出去"的传播主体,应该在这个传播活动

中处于最核心的地位(国家语言文字工作委员会,2018)。全球化和文化多元化,要求现代人必须具有全球意识和正确的文化观,具有在多元文化间穿行的能力。这种观念和能力,包括多语能力、多元文化知识、包容的文化态度以及文化整合力等(国家语言文字工作委员会,2018)。汉语教师去国外教学需要克服气候、饮食、社交和语言文化等多方面的差异,为了将对外汉语教学事业推向前进、使对外汉语教学事业有一个更灿烂的前景,我国应该进一步加强公派汉语教师的跨文化能力,对外派教师进行派驻国家风俗习惯的教育,以便他们更快更好地适应不同的社会文化。

在蒙古国除蒙古族以外还有哈萨克族、杜尔伯特族等少数民族,他们的文字为西里尔蒙古文,人们忌讳打探收入、年龄、宗教信仰等隐私;蒙古国整体的生活节奏较慢,汉语教师应注意结合当地的风土人情和社会状况授课并生活。

(三)加强信息时代的语言教学法

"信息时代的到来,语言学正在从传统的艺术与人文学科转向现代的认知与生命科学,其研究方法也正在经历从内省法到实证方法的转变。与此同时我们正处于一个'大数据'时代,大数据带来的信息风暴正在改变我们的生活,工作和思维。"(刘海涛,2017)

中国华文教育网、华文教育百宝盒、侨宝 APP 等互联网+工程,都是华文教育的工具,同时也能满足国外汉语学习,了解中国现代社会、文化的需求。蒙古国的汉语教师们灵活使用多媒体平台的现状也直观地显示了国外汉语教学中现代教育技术的重要性。随着信息时代的深入发展,语言传播的提高需要通过网络平台实现。在讲授知识性、艺术性较强的课文时,可以借用音乐、图片、投影、录像、多媒体等直观可感的手段,调动学生积极的情感参与教学过程。教师丰富的表情动作、富有感情的语言、积极良好的情绪,驾驭课堂的轻松自如,点拨知识的深入浅出,都可为学生创造轻松愉快的教学情境,使学生对汉语产生浓厚的兴趣(天峰,2006)。

参考文献

艾美,2018.蒙古国语言生活与语言政策研究[D].大连:辽宁师范大学.

巴特玛,2008.蒙古国汉语教学现状及展望[R].乌兰巴托:第一届台蒙华语文教学国际论坛.

格日乐玛,2016.应用语言学[M].呼和浩特:内蒙古人民出版社.

贡德格格玛,2015.蒙古国乌兰巴托地区汉语教学中存在的问题以及对策研究[D].哈尔滨:
　　哈尔滨师范大学.

郭颖,2010.蒙古国乌兰巴托市汉语教学现状的分析[D].长春:吉林大学.

国家语言文字工作委员会,2018.中国语言政策研究报告(2017)[M].北京:商务印书馆.

嘉欣,2018.蒙古国高校汉语教学情况调查及相关对策研究[D].合肥:安徽大学.

金枚,常小琴,2016.适合蒙古国学生性格特点的汉语语音教学有效途径[J].赤峰学院学
　　报(汉文哲学社会科学版)(10):250-252.

金枚,金锋,2017.关于编写针对蒙古国学生汉语语音教材的建议[J].赤峰学院学报(汉
　　文哲学社会科学版)(3):161-165.

刘琳,2012.蒙古国汉语教学现状及其对策探究[J].文学界(5):336.

刘海涛,2017.大数据时代语言学能做什么[J].海外华文教育动态(4):91-92.

陆俭明,2007.再谈汉语作为第二语言教学的学科建设问题[J].长江学术(2):94-95.

索伦嘎,2012.对蒙古国成吉思汗伊赫扎萨克大学汉语教学的调研与分析[D].呼和浩特:
　　内蒙古师范大学.

天峰,2006.蒙古语言保护与双语教学研究[C].呼和浩特:内蒙古人民出版社.

王丽静,2016.蒙古国立科技大学汉语教学现状调研报告[D].曲阜:曲阜师范大学.

文秋芳,2019.从英语国际教育到汉语国际教育:反思与建议[J].世界汉语教学(3):
　　291-299.

Э. Оюунчимэг орчуулсан,2019,Монгол улсын боловсролын бодлогын тойм шинжилгээ
　　[M].Улаанбаатар:ЮНЕСКО.

第五章　越南的大学汉语教学研究

越南与中国山水相连,处于"一带一路"核心区中的"东南亚核心区"内(张治国,2016),是"一带一路"沿线的重要亚洲国家之一。中越两国的文明交流史已超两千年,越南属于"汉字文化圈"国家,有着学习汉语的天然优势,中越两国人民更容易实现民心相通。"在越南,汉语言文字的影响是全方位的和极其深刻的""设若没有汉语汉字,越南文化史势必重写而呈现出另外一种风貌"(林明华,1997)。现代越南语中汉语借词仍具有举足轻重的地位,"越南人以汉字为基础,创造了自己的民族文字'喃字'。现代越南语中,有60%以上的汉语借词"(武氏春蓉,2001),汉语在越南语的演变与发展中从未缺席。随着中越经贸关系和文化交流的不断深化,汉语学习人数不断增加,越南从国家层面提高了汉语在国民教育体系中的地位。2018年公布的《总体基础教育教学大纲》中将英语规定为第一外语,实行十年必修制(小学三年级起至高中三年级),从初中起可选修第二外语,汉语便包含其中。"实际上,越南教育部从2010年起已试点开展英语十年必修制,从2017年起已试点开展中国语、俄语、日语十年必修制。"(阮秋姮,2019)

越南的汉语教学现状研究已具备一定基础。现有研究多为针对几所大学课程设置的具体研究(周偈琼等,2009;王玲娟等,2017),或是对于越南汉语教学的整体介绍(潘其南,1998;吴应辉,2009;曾小燕,2015)。鲜见同时调研越南多所高校的培养目标、课程设置、教材使用、教学方法,以及教师对于现有课程、教法教材态度的研究。

"汉语教学在越南有着悠久的历史,早在5世纪就开始了"(潘其南,1998),阮黄英(2017)将越南汉语教学分为三个阶段[①]:第一阶段为20世纪50年代以前,第二阶段为20世纪50至90年代,第三阶段为20世纪90年

---

① 转引自武清香(2018)。

代至今。在此基础上,武清香(2018)又将第二阶段细分为两个阶段,认为越南的汉语教学经历了四个阶段:①1945年前的"启蒙期";②1945—1975年的"转变期";③1975—1991年的"艰难期";④1991年至今的"改革与发展期"。到第四阶段,汉语已成为越南仅次于英语的第二大外语。

据吴应辉(2009)统计,2007年越南开设汉语专业的大学共40所,有硕士学位授予权的3所,博士学位授予权的0所,越南一年招收中文系学生2000人左右,吴应辉(2009)认为越南当时的汉语教学发展稍显迟缓,但已初步具备大发展的条件。2015年越南高校设立了54个汉语专业点,包括博士点1个,硕士点3个,本科点37个,共招生3389人(阮文清等,2016)。2016年又新增了太原大学汉语语言硕士点。根据《2018年高校招生考试指南》统计,开设汉语专业的高校共有32所(含本科和师范大专,不含普通大专①),共招生4095人(阮秋妲,2019),占外语专业招生总人数的14%,位居第二②。近100所大学与大专院校把汉语作为第二语言,占全国高校总数的24.5%(胡得国英,2018)。由此数据对比来看,近十年越南的汉语教学的确取得了大发展。

本章聚焦越南本科阶段的汉语教学,以大学汉语教师为对象实施问卷调查,从教师的教育背景、课程设置、教材与教学法三个方面,宏观把握越南大学汉语教师的师资和教学现状。同时,选取五所汉语教学具有示范意义的大学,具体考察其培养目标、课程设置、使用教材,微观分析越南大学的汉语教学体系与现状。从微观与宏观结合的角度,综合考察越南大学的汉语教学现状、优点及问题,并总结出对我国汉语国际传播有益的启示。

第一节　越南的大学汉语教学现状调查

笔者以在越南的大学中文系教授汉语的教师为对象实施了关于师资、教学以及教材情况的问卷调查(调查原稿见附录一)。本次调查自2018年3月开始收集问卷,截至2018年11月共收集到有效问卷55份(均通过网络发放问卷,Google和问卷星并用)。覆盖15所高校,其中5所在河内。虽然

---

① 自2014年起,大专不再属于高等教育,而属于职业教育。2007年的数据还是包括大专的数量,因此反而更多。

② 第一为英语,共招20884人,占总数的70%。

未能实现 32 所高校全覆盖,但几近全国一半的学校数量也能比较真实地反映越南整体的汉语教学现状。

一、师资基本情况

参与本次调查的 55 名大学教师中,越南教师 53 名(其中 7.3% 是华裔),中国大陆和中国台湾教师各 1 名。男性 7 人,占 12.7%,女性 48 人,占 87.3%。年龄多集中在 31～40 岁区间,有 38 名,占 69.09%;20～30 岁的有 11 名,占 20%;41～50 岁的占 10.91%。调查对象中没有 50 岁以上的教师。

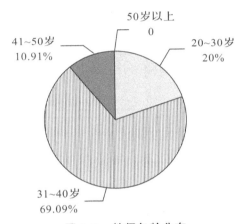

图 5.1 教师年龄分布

越南高校汉语教师性别分布极为不均,女性教师比例接近 90%。这主要是由于越南高校教师的待遇较低,低于越南人均收入水平(或持平)。然而离开学校,从事商贸、翻译、导游等工作所得报酬要高于学校收入,所以更多男性不愿选择高校汉语教师作为职业。应努力提高高校教师的待遇,减少教师除教学科研以外的事务性工作,为高校吸引更多男性教师,平衡教师性别比例。

教师学历方面,学士学位教师 3 名(其中 2 名为中国教师);硕士学位教师 42 名,占 72.7%;博士学位教师 10 名,占 18.2%。硕士教师是越南高校汉语教师的主体。52 名研究生学历教师中有 16 人在越南国内取得硕士学位,34 人在中国大陆、2 人在中国台湾地区取得硕士学位。10 名博士均在中国大陆高校取得博士学位(另有 2 名博士研究生在读)。2015 年越南全国高校汉语教师中,取得博士学位的汉语教师占总人数的 22.96%[①](阮文清等,2016)。全国综合来看,师资的学历水平整体偏低[②]。

越南大学的汉语教师参加 HSK 考试的比例很高,达 96.4%,仅有 2 名教师未参加过 HSK 考试。多为六级或以上,最低五级(仅 1 名)。这是由于越南国家层面要求外语专业学生毕业时达到《欧洲语言共同参考框架:学习、教学、评估》的 C1 水平,第二外语要达到 B1 水平。即汉语专业学生毕业要求达到 HSK 五级水平,二外汉语的学生要达到 HSK 三级水平(阮福禄,2014)。大部分教师在学生时代即已通过 HSK 五级考试。

越南大学里来自中国的汉语教师较少,笔者调查的 15 所高校中,有 6 所大学没有中国教师(含志愿者)。如图 5.2 所示,中国教师有近一半为汉语教师志愿者(占 49.09%),这导致越南大学出现中国教师专业性偏低、缺乏教学经验及人员流动性大的问题。

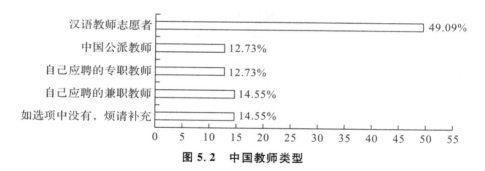

图 5.2　中国教师类型

二、课程设置与教学方法

(一)课程设置

每所大学都会根据学校的培养目标设置其具体课程。本研究的问卷调查结果表明,如图 5.3 所示,越南大学的语言技能类课程开设颇为全面,综合、口语、阅读、写作、翻译、听力等语言技能课程的开设比例均超过 70%,商务汉语课程的开课比例也接近 67.3%。

---

① 此处为引用参考文献数据,保留到小数点后 2 位。
② 指与日本大学汉语教师中博士学位比例 75.9%、韩国 57.1% 相比较而言,学历水平偏低。

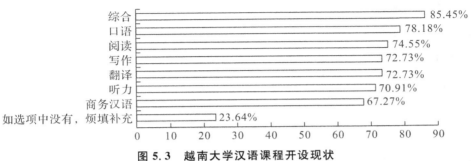

图 5.3　越南大学汉语课程开设现状

如图 5.4 所示,在希望开设的课程里,中国文化呼声最高,其后依次为商务汉语、翻译、中国概况、中国历史等。有个别教师提出希望开设多媒体使用和礼仪课。也有 4 名教师表示选项中的课程均已开设。

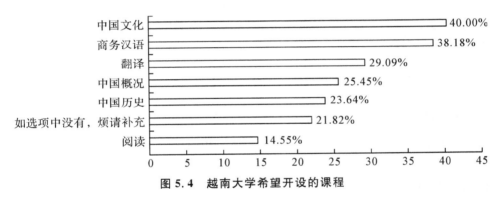

图 5.4　越南大学希望开设的课程

(二)教学方法

如图 5.5 所示,参与调查教师中,全部使用汉语进行课堂教学的最多,占整体的 49.09%,对于非母语教师来说已经是相当高的比例。有 43.64%的教师选择本国语言与汉语各占一半。另有一名教师回答低年级各占一半,高年级全部使用汉语。课堂使用汉语授课的高比例也反映出越南高校的汉语教师具有较强的汉语表达能力。

94.6%的教师会设定一个场景与学生对话,96.4%的教师会使用多媒体进行教学,且其中有 61.8%的教师每堂课都会使用。结合上文教师的年龄分布(见图 5.1),20~40 岁青年教师占 89.09%,可以看出青年教师多善于接受并运用新事物,授课方式多样,注重与学生互动。87.3%的教师重视

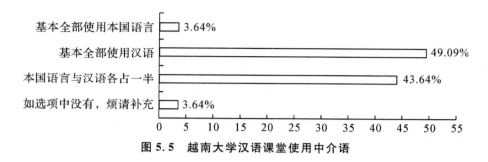

图 5.5　越南大学汉语课堂使用中介语

语法的讲解,反映出越南高校汉语教师较为重视对语法的教学。60.0%的教师上课时会翻译课文或例句。

问卷中有一道开放式填空题询问教师使用的具体教学方法,55 名教师中有 17 名教师明确提到了任务教学法、语法翻译法、直接法、听说法等汉语教学方法,可见越南高校的汉语教师对于汉语教学方法较为了解。越南大部分教师在中国接受了硕士研究生、博士研究生教育,且专业多为国际汉语教育,系统了解汉语教学法也是必然。

三、教材

(一)教材选用

越南高校大部分使用中国出版的教材,其中选择大陆教材的占 87.3%(见图 5.6),选择台湾地区教材的占 7.3%,两者比例相加约占总数的 95%。使用较多的有北京语言大学出版社出版的《汉语教程》(杨寄洲主编,2006)、《外贸口语 30 课》(张静贤主编,1991)、《汉语语法教程》(孙德金主编,2002)、北京大学出版社出版的《中国概况》(王洪顺主编,1999),等等。也有部分学校选择新加坡出版的教材。越南使用的中国教材大多较为陈旧,如《汉语教程》为 1999 年出版,2006 年出版修订版,最新的第三版为 2016 年出版。《中国概况》初版于 1994 年问世,第四版于 2015 年出版,但书中内容基于截至 2012 年底的资料编写,学生无法了解中国最新的社会文化现状。而且这些教材都明确写明是为来华留学生编写的教材,鲜有介绍越南风土人情的内容,在语法编排上也是未考虑越南学生的思维特点及学习难点,并不适合在越南国内的汉语教学。

如图 5.6 所示,选用教师或学校自编教材的也达 52.73%,选用本国教材的仅占 20.00%。

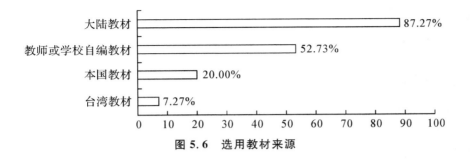

图 5.6　选用教材来源

（二）教材满意度

参与调查的教师中对教材表示满意的约占 74.5%（其中非常满意 1.8%，基本满意 72.7%），不太满意的占 25.5%，非常不满意比例为 0。

如图 5.7 所示，对教材不满意的理由主要是"教材太老，不符合现实情况"和"不结合本国实际"。中国近年来发展迅速，多项制度发生了变化。如对外汉语教材中常会提到的"独生子女政策"就已经成为历史。

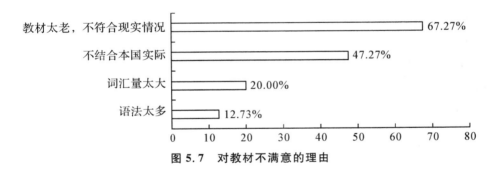

图 5.7　对教材不满意的理由

第二节　师资队伍分析

目前越南高校汉语师资的基本特点为：本土教师多，母语教师少，已获博士学位的教师少。

越南高校的汉语教师中本国教师占绝对多数（96.4%），汉语母语教师人数少，且多为汉语教师志愿者，学历偏低，本次调查中 3 名本科学历的教师中就有 2 名为汉语母语教师。整体来看，越南高校现有的师资学历水平仍然偏低,硕士学位占主流(72.7%),博士学位较少(18.9%)。阮文清和曾小燕(2016)统计2015年取得博士学位的汉语教师占22.96%,比例差别不大。博士学位教师主要集中于几所知名高校,如2019年河内大学的博士学位教师比例达到63.6%,河内国家大学下属外国语大学的博士学位教师比例达到54.9%。但从全国平均占比来看,博士学位教师的占比仍偏低。同时笔者注意到目前有不少教师是博士研究生在读,不久的将来博士学位教师的比例有望得到大幅度提升。

已获博士学位的教师少,一是由于越南国内的汉语言文学博士点只有一所(河内国家大学下属外国语大学),且成立时间不长;二是由于越南高校的职称评定异常严格,即使取得了博士学位,也不容易晋升高级职称,教师提升学历的动力不足。

越南规定高校开设汉语专业博士点必须满足"学校的讲师、学科干部队伍至少有本专业的1位副教授和4位博士,其中至少有3位教师的毕业专业与登记开设专业相同,每个人在自开设登记的5年内,只有在本专业核心刊物上公开发表至少3篇学术论文,才可以建立课程与组织培养方案,指导研究生完成博士论文与评价论文"[①]。目前越南国内只有1个博士点,每年仅能招收4名博士研究生,其余只能出国留学攻读博士学位。而越南大学汉语教师中女教师占比高达近九成,出国攻读博士学位则会同时面临经济和家庭的双重压力,严重影响了教师整体学历水平的提高。

第三节　课程设置分析

一、五所大学的课程设置

笔者选取越南五所开设汉语专业,汉语教学水平较高的高校(详见表5-1),具体考察其本科的汉语专业教学目标、课程设置,微观分析越南大学的汉语教学体系与现状。河内国家大学下属外国语大学汉语言文化系和河内大学中文系是越南汉语教学历史最为悠久、规模最大的两所高校。

---

① 越南政府总理于2010年9月22日颁布的公文,转引自阮文清和曾小燕(2016)。

2008—2014 年越南高考中文系录取分数线的前三名分别为河内国家大学下属外国语大学、河内大学和外贸大学(黎明庄,2015),这三所院校也代表了越南大学中文系的最高水平。越南汉语教学水平较高的大学多集中于河内和胡志明市,又以河内最为集中。为平衡地域差异,综合了解越南大学汉语专业教学的全貌,本书又选取了太原大学和雄王大学两所地方大学一并考察。

越南目前仅有一所孔子学院,由河内大学与广西师范大学合办。由于孔子学院及研究生教育的培养目标与本科教育差异较大,本书仅考察本科生教育。

表 5-1　越南五所大学列表

大学名称	学校性质	地　区
河内大学	公立外国语大学	河　内
河内国家大学下属外国语大学	公立外国语大学	河　内
外贸大学	公立外国语大学	河　内
太原大学	公立综合大学	太原省
雄王大学	公立综合大学	福寿省

(一)河内大学

河内大学前身是河内外语大学,于 2006 年更名为河内大学,仍以外语教育为主业。河内大学开展英语、俄语、法语、汉语等十多种语言的教学,而中文系是河内大学最早开设的院系之一,建立于 1959 年,可以说是越南最早开设汉语专业的高校之一。河内大学现有汉语教师 33 名,其中硕士 12 名,博士 21 名[1],博士教师比例高达 63.6%(2019 年数据)。汉语系一般每年招收学生 250 名左右,从 2019 年开始增开了"高质量班",招生人数增至 340 名左右。"高质量班"教学条件好、课程要求高,学费也相对贵一些。

河内大学中文系的培养目标为:汉语专业培养的学生将具有扎实的汉语理论水平,扎实的外语基础(双语人才),丰富的中国文学知识和中国历史文化知识,充分了解中国的国情(政治、法律、经济、社会),具备汉语教学的知识和实践经验。他们将成为专门人才,就业于国内外从事汉语教学、翻译与交流方面的工作,也可以从事外事。国际贸易等涉外政治、经济领域方面的工作。

---

① 感谢河内大学吴氏惠老师提供 2019 年最新课程及师资数据。

河内大学汉语专业一、二年级均为语言实践课(见表5-2中的2-4),一周4次课(一次课4节),包括综合(一周2次),听说(一周1次),阅读与写作(一周1次)。每6~7周有一次阶段性考试。大三开设课程最多,共15门课(表5-2中的4-18)。翻译、旅游的课程都很丰富。大四6门课(表5-2中19-24)。开设汉语专业课时总量达到2525学时。可以看出,河内大学中文系重视翻译和旅游汉语的教学,具有较强的实用性。河内大学成绩排名前20%的同学有资格选择写毕业论文,其他同学需要多修一门课,一般为翻译3,该门课程合格方可毕业。

表5-2 河内大学汉语专业课程设置

科 目	课 时	科 目	课 时
1.学习与研究方法	30	13.口译实践1、2	150
2.语言实践A	420	14.笔译实践1、2	150
3.语言实践B	420	15.汉语语法1	45
4.语言实践C	210	16.旅游入门	45
5.汉语语音	45	17.中文旅游1、2	150
6.汉语词汇	45	18.旅游市场	45
7.中国国家概况	60	19.翻译实践1、2	300
8.中国历史文学	45	20.专题翻译	30
9.中国语言与文化	45	21.翻译实习	30
10.中国文化专题	45	22.汉语语法2	45
11.中国文学摘要	30	23.古代汉语	75
12.翻译入门	30	24.商务汉语	45

(二)河内国家大学下属外国语大学

河内国家大学下属外国语大学创立于1958年,已有65年的历史,创建之初便有汉语教学。该校拥有越南国内唯一一个汉语言文学博士点(2011年开设),从20世纪90年代就开设了商务汉语课程(当时只作为选修课)。自2013年起,该校对中文系的培养计划进行了调整,中文系设5个专业方向:汉语言专业—翻译、汉语言专业—经济与银行、汉语言专业—旅游、汉语言专业—中国学以及汉语言专业—汉语教学方向。学生从大三开始选择专业方向(陈氏碧香,2018)。可以说,该校的商务汉语教学是其特色之一,教学水平处于越南国内领先地位。

该校汉语专业的培养目标(陈灵芝,2016)如下。

①专业知识方面:学生会达到一位语言专家的社会科学和人文知识的标准。学生具有充分的汉语言文化知识。学生具有充分的学习和研究方法的理论与实践基础,为下一步攻读研究生学位做好准备。掌握经贸汉语和旅游汉语的基本知识。

②技能方面:会熟练运用汉语技能(听力、口语、阅读和写作),初步形成科学研究能力。掌握翻译理论、翻译与编译的技能、技巧。

河内国家大学下属外国语大学现有越南籍汉语教师 51 名,其中硕士 12 名,博士 28 名(含两名副教授),博士教师比例高达 54.9%(2019 年数据)。另有 11 名在读的硕博研究生和 2 名中国公派教师,该校的具体课程设置如表 5-3 所示。

表 5-3　河内国家大学下属外国语大学汉语专业课程设置

科　目	学　分	科　目	学　分
1.汉语 1A	4	13.汉语语言学	3
2.汉语 1B	4	14.翻译	3
3.汉语 2A	4	15.汉语语言学 2	3
4.汉语 2B	4	16.汉语教学法	3
5.汉语 3A	4	17.古代汉语	3
6.汉语 3B	4	18.中国文学 1	3
7.汉语 3C	2	19.高级翻译	3
8.汉语 4A	4	20.中国概况 2	3
9.汉语 4B	4	21.越南及世界汉语教学专题	3
10.汉语 4C	2	22.商务交际汉语	3
11.中国概况	3	23.经贸汉语	3
12.汉语教学法	3	24.经贸汉语(提高篇)	3

总学分 78

(三)外贸大学

外贸大学中文系专门培养商务汉语人才,学生除了要上商务汉语的相关课程,还要上学校组织的经济贸易公共课,待到 3～4 年级开始学习商务汉语时,就已经具备商务专业基础知识。从该校的汉语课程设置(见表 5-4)也可以看出该校鲜明的经贸特色。

表 5-4　河内外贸大学汉语课程设置

科　目	学　分	科　目	学　分
1. 语言学引论	2	17. 听力 1	3
2. 对比语言学	2	18. 听力 2	3
3. 汉语基础 1	3	19. 听力 3	3
4. 汉语基础 2	3	20. 口语 1	3
5. 汉语基础 3	3	21. 口语 2	3
6. 汉语语言与文字	3	22. 口语 3	3
7. 汉语词汇	3	23. 阅读 1	3
8. 汉语语法	3	24. 阅读 2	3
9. 中国文化	3	25. 写作 1	3
10. 中国文学历史	3	26. 写作 2	3
11. 中国文学引用	3	27. 贸易经济语言 1——贸易洽谈 1	3
12. 综合汉语 1	3	28. 贸易经济语言 2——贸易洽谈 2	3
13. 综合汉语 2	3	29. 贸易经济语言 3——翻译 1	3
14. 综合汉语 3	3	30. 贸易经济语言 3——翻译 2	3
15. 综合汉语 4	3	31. 贸易经济语言 3——贸易函件 1	3
16. 综合汉语 5	3	32. 毕业学科	9

总学分 100

　　该校的培养目标为：根据中国六级 HSK 外语能力框架要求，培养具备标准外语能力的汉语学士，获得中国汉办颁发的 BCT（商务汉语考试）证书，并具备贸易经济学领域的基础知识；培养学生具有良好的政治素质和道德品质，有良好的语言能力，具备专业技能、沟通技巧及团队合作精神，具有自学能力，专业水平较高，满足越南社会在国际全球化和华语地区发展趋势的需要以及中越贸易日益增长的要求。同时，毕业后该专业的商务汉语学生具备在商业和国际贸易领域流利翻译的能力以及用汉语研究经济、贸易等课题的能力；该专业的学生具有经济、商业、管理和进出口业务的基本知识，对本土的文化、社会、政治和习俗有基本共识，以适应公众的需求和国际化环境的要求。另外还需具备在使用中文的机构和企业（国内和国外）工作的能力。

　　外贸大学中文系现有越南教师 16 名，没有中国教师。其中博士 5 名，硕士 10 名，学士 1 名，具有博士学位的教师占比 31.3%。另有在读博士研究生 6 名。

（四）太原大学

太原大学地处太原省太原市，是越南东北部唯一一所拥有中文系的大学，也是越南设立汉语言文学硕士点的四所大学之一。太原大学现有22名汉语教师，其中具有博士学位的教师4名、硕士学位的8名，具有博士学位的教师占比为18.2%，另有10名教师博士课程在读。目前尚无中国教师。

太原大学致力于建立一支专业、用心、团结的汉语教师队伍，该校在管理、培训、科研活动中加强信息技术的应用，培养学生具备专业的汉语能力，该校也不断提高汉语言文学的教学质量，以适应越南国际化发展的需要。除了培养汉语专业人才外，还有汉英翻译专业、韩汉翻译专业人才，最重要的目标是为国家培养汉语言人才，服务国家需要，毕业生具备在国家单位或者国企从事与汉语有关的工作，比如外交官、外交译员等（具体课程设置如表5-5所示）。

表 5-5　太原大学汉语专业课程设置

科　目	学　分	科　目	学　分
1.对比语言学	2	17.汉语语音与文字	2
2.社会语言学	2	18.汉语语法 2	3
3.基础汉语 1	4	19.汉语词汇	2
4.基础汉语 2	4	20.汉语翻译 1	3
5.汉语语音	2	21.中国概况	3
6.汉语语法 1	2	22.汉语报刊语言	3
7.汉语实践 1	4	23.汉语与中国文学	3
8.汉语实践 2	4	24.汉语文化交际	3
9.中级汉语口语 1	4	25.汉语戏曲课程	2
10.中级汉语写作 1	4	26.汉语旅行课程	2
11.中级汉语口语 2	4	27.汉语翻译理论	3
12.中级汉语写作 2	4	28.口译 1	3
13.高级汉语口语 1	4	29.越—汉翻译 1	3
14.高级汉语写作 1	4	30.经贸汉语	2
15.高级汉语口语 2	4	31.旅游汉语	2
16.高级汉语写作 2	4	32.毕业论文或替代科目	8

注：24～26 为专业选修课　　　　　　　　　　　　　　总学分 103

学生可以选择写毕业论文或者修完毕业论文替代科目学分。毕业论文替代科目为古代汉语、技术汉语、中国文学。

(五)雄王大学

雄王大学成立于 2003 年,前身是成立于 1978 年的永福师范高等学校。学校位于富寿省越池市,是当地唯一一所多专业、多层次的高校。2007 年开设汉语专业(该校汉语专业隶属外语系)。专业现有 10 名教师,其中 8 名硕士、1 名学士,另有 1 人硕士研究生在读,3 人博士研究生在读。没有固定的中国教师,但每年会有 2~4 名汉语教师志愿者。

雄王大学汉语专业的培养目标是:培养学生能掌握基础科学知识,掌握汉语专业教育知识;广泛、全面地了解中国语言、社会文化和中国文学,促进深层专业学科的学习。同时该校也培养学生深入地掌握汉语语法、语音、词汇等知识;培养学生具有良好的笔译和口译技能,确保其获得专业资格,在专业领域有效地工作,在商业、经济和社会活动中运用专业技能进行书面翻译和口译。另外,该专业的学生毕业后能够深入学习语言、文学、文化、旅游等领域的知识,为社会科学和人文学科领域提供良好的人力资源。具体课程设置如表 5-6 所示。

表 5-6 雄王大学汉语课程设置

科　目	学　分	科　目	学　分
1. 专业科学研究法	2	19. 汉语语音与文字	2
2. 听力 1	3	20. 现代汉语词汇	2
3. 口语 1	3	21. 语法	2
4. 阅读 1	3	22. 中国文学	2
5. 写作 1	3	23. 中国概况	2
6. 听力 2	3	24. 翻译理论	2
7. 口语 2	3	25. 口译 1	4
8. 阅读 2	3	26. 笔译 1	4
9. 写作 2	3	27. 口译 2	4
10. 听力 3	2	28. 笔译 2	4
11. 口语 3	2	29. 环境汉语	2
12. 阅读 3	2	30. 贸易汉语	2
13. 写作 3	2	31. 旅行汉语	2
14. 听力 4	2	32. 行政办公汉语	2
15. 口语 4	2	33. 文化交际	2
16. 阅读 4	2	34. 中国艺术主题	2
17. 写作 4	2	35. 毕业论文或替代科目	7
18. 对比语言学	2	总学分	91

注:29~34 为专业选修课。

学生可以选择写毕业论文,也可以选择参加替代科目的考试。替代科目有古代汉语、口译、笔译业务技能、中国语言与文化。

二、课程设置特点

通过细致分析以上五所大学的课程设置,并结合本章第一节的问卷调查数据可以看出,越南大学的汉语专业均开设了较多的翻译类课程及旅游汉语类课程,对于商务汉语也非常重视,尤其是外贸大学具有鲜明的经贸汉语特色。太原大学为服务越南国际化发展需求,培养除汉语以外还懂一门其他外语的人才,开设"汉语＋○○语"课程。

越南大学的汉语课程整体实用性较强,这也符合越南高校汉语专业课程设计的理念:减少理论课,加强实践课,注重培养学生的科研能力,训练有关阅读材料、进行讨论、自主学习的技能。《越南高校外国语专业教育框架》将语言学导论、对照语言学列入必修课程(DANG,2018),因此除语言技能类课程外,各校还开设了语言学理论、中国文化、文学类课程,注重对外语系学生的语言学理论基础以及跨文化交际能力的培养。

第四节　教学方法分析

越南高校汉语专业的课堂学生人数多为 21～30 人(占 56.4％)或 30 人以上(占 49.1％),就语言专业课来说,学生人数较多。越南高校的汉语教师中,有很大比例是在中国取得的国际汉语教育或者汉语语言学硕士、博士学位,对于第二外语教学方法以及汉语教学方法相对了解,愿意积极尝试各种新型教学方法,如任务教学法、交际法、翻转课堂等。有的教师还会通过游戏、表演等来活跃课堂气氛,提高学生的学习兴趣。由于青年教师占绝对多数,所以教师善于在课堂上使用图片、多媒体等教学辅助工具,教学形式丰富。

同时,由于 83.6％ 的教师有中国留学经历,因此汉语发音标准,口语表达流畅。如图 5.5 所示,有几乎一半的教师上课时全部使用汉语授课,这就保证了学生的课堂汉语输入量。这一方面说明教师使用目的语授课的意识较强,另一方面也体现出教师自身的汉语听说水平比较高。

教师参加汉语教师培训的比例很高,参与调查教师中有 87.3％ 的教师参加过汉语教师培训,这也是越南高校汉语教师了解汉语教学法的原因之一。对于希望参加的培训内容,如图 5.8 所示,有 96.4％ 的教师希望参加"汉语教学方法"的培训,其次为"中华文化""汉语知识"的培训。由此可见,越南大学的汉语教师迫切渴望参加"汉语教学方法"的培训,希望系统掌握汉语教学方法。

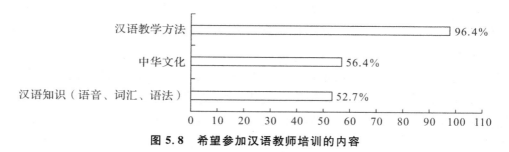

图 5.8　希望参加汉语教师培训的内容

第五节　教材分析

刘汉武(2011)对越南书店进行了调查统计,作为外语教材类图书出版的汉语图书共有 204 种,其中会话教材 120 种,综合教材仅 12 种。引进中国人编写的对外汉语教材 51 种,占 25％；引进欧美人编写的汉语教材 6 种,占 3％；中国人编写英语教材的汉语版本 12 种,占 6％,越南人自编汉语教材 135 种,占 66％。但越南出版教材大部分属于课外自学教材,不适合大学课堂教学。阮光武(2014)通过访问越南三大网上书店网站 vinabook.com、vn-netbook.com、saharavn.com,共统计出 247 种汉语教材,指出越南国内出版的汉语教材存在的几个问题:①新出版教材不多,许多教材版本较旧,内容过时；②教材类别多样但分布不均,口语教材占 67.6％,且大部分为自学教材；③编者数量不多,汉语教材编写队伍薄弱,有经验的编写者数量少；④教材版本重复较多,存在"一书多版"现象；⑤原版为中国学者编写的教材较多,许多教材只是编译,编者未对教材内容做任何修改。

"由于越南政府严格控制教材、教辅等书籍,禁止学校擅自编写教材、辅导用书等,各个学校的汉语教师只能自己编写教案作为内部材料使用。"(曾小燕,2015)所谓"自编"是教师从中国大陆、台湾地区及香港地区等地的汉语教材中摘选、整理后加上越南语注释而成的(陈传俊,2015)。这样的教材选用情况决定了越南的汉语教材多为介绍中国社会文化,缺少越南本国的文化元素,缺乏针对性,很难调动起学习者的积极性。而由越南教师编写,越南本土出版的汉语教材《速成汉语》①课文中,也仍然没有介绍越南社会、文化的内容(阮光武,2014)。"目前越南使用的汉语教材多数来自中国,其中很大一部分是针对欧美或韩、日学生的。到目前为止,未见到一套完全符合越南学习者的汉语教材。"(阮福禄,2014)

综合前文的教材使用调查数据,可以看出时至 2019 年,越南高校使用的汉语教材仍主要是中国编写的对外汉语教材(约占 95%),且教材版本偏旧。亟待由中越两国教师合作编写针对越南学生语音、语法学习重点与难点,介绍最新中国社会现状,并融合越南社会风俗文化的本土汉语教材。

第六节　汉语相关研究情况

越南研究中国的最高级别研究院为越南社会科学翰林院中国研究院。研究院下设中国历史文化研究室、政治研究室、中国对外关系与安全研究室、中国社会经济研究室、越南与中国关系研究室、东海研究中心、行政综合室、图书馆信息室八个研究部门。中国研究院内没有专门研究中国语言的机构。翰林院设有语言研究院,研究多种语言,其中包括汉语,但并未设置独立的汉语研究室。

越南目前还没有专门的汉语研究学会,高校汉语教师一直想成立专门的汉语研究学会,但因为一些行政原因,至今未能成立。越南的汉语研究学者积极参加各类国际汉语及汉语教学研究学术组织,这些组织会每年轮流在不同成员国家举办年会。如亚太地区国际汉语教学学会、"汉字文化圈"汉语教学国际学术研讨会等国际汉语教学研讨会均曾在越南举办。另外,

---

① 《速成汉语》,编者为陈氏清廉,2014 年由越南河内师范大学出版社出版。非北京大学出版社出版的《速成汉语》。

越南汉语专业知名度较高的大学也会定期举办国际或全国汉语研究研讨会。在越南北部,越南国家大学附属外国语大学与中国大陆、港台高校有合作关系,每年都会举办研讨会或研究生论坛等学术活动。河内大学2019年在校庆60周年之际举办了"全球化背景下优质汉语人才培养"国际学术研讨会,有越南10余所高校中文系的近200名教师、专家,以及中国北京大学、华东师范大学等高校和科研院所的专家学者参会。越南南部的胡志明师范大学,越南中部代表性大学顺化大学下属外国语大学也会定期(一般为2年一次)举办学术会议。

越南目前有语言类学术期刊59本,其中刊登汉语相关文章的有11本[①],这些期刊分别由越南各大研究汉语的相关机构或者大学主办,如社会科学翰林院的语言研究院和中国研究院、词典与百科书研究院、越南语言协会、汉喃研究院、河内国家大学下属外国语大学、河内大学、河内师范大学、胡志明师范大学、太原大学。笔者通过这11本期刊的官网,调查收集了这些期刊2014—2020年刊登的汉语相关论文共229篇,其中研究汉语本体的论文共152篇,汉语教学研究论文77篇,文学及翻译研究论文59篇,其他方向46篇。

第七节　特点与启示

一、越南大学汉语教学的特点

(一)特点

综合以上各部分的具体分析,越南大学汉语教学的特点可从四个方面概括如下。

1.师资方面

越南本土教师多,汉语母语教师少,且母语教师多为年轻的汉语教师志愿者。具有博士学位的教师比例较低。

---

① 其中有1本专门研究中国问题的杂志《中国研究》,但该杂志在网页上显示有2015—2019年目录,但实际只可查到2015、2016和2019年3个年份的目录,2017、2018年目录未能查到。

2.课程设置

课程实用性强,注重翻译教学,重视商务、旅游等实践性汉语的教学。

3.教材方面

课堂使用本土出版汉语教材少,多使用中国教材。

4.教学方法

汉语授课比例高,对各类汉语教学方法有一定了解。

(二)针对性建议

越南的大学汉语教学在师资与教材方面存在明显不足。针对其不足之处,笔者提出以下几点建议。

1.加强中国与越南高校的校际交流,增强教师之间的人员流动

增派教学经验丰富的中国汉语教师赴越南高校教学,接收越南教师来中国高校进行中长期交流。增加专门针对越南高校汉语教师来华攻读博士学位的奖学金,为越南汉语教师消除经济上的后顾之忧。

2.从人力、物力上支持越南本土汉语教材的开发

鼓励中国学者与越南本土教师合作,编写不仅介绍中国社会文化,亦能结合越南国情、文化的大学课堂用汉语教材,包括语言技能类教材和文化课程类教材。越南高校现在也已经开始这种有益尝试。如河内国家大学下属外国语大学中国语言文化系的教师和中国台湾文藻外语大学应用华语文系教师合作编写了《越汉跨文化交际概论》,已于2019年由越南河内国家大学出版社出版。

大部分越南高校的汉语专业开设了商务汉语课程,但是使用的教材仍是中国十几年前出版的经贸汉语教材,不符合当今贸易发展的现状和电子商务高度发展的新型贸易模式。如仍在广泛使用的《外贸口语30课》(张静贤主编)为20世纪90年代教材,严重滞后于时代。"在非目的语环境中,中国学者编写的教材显得缺乏针对性,不太适合越南学生以及越南经济贸易实况。因此,商务汉语教材本土化是非常必要的。"(陈氏碧香,2018)越南本土汉语教师已经认识到了这一问题,并想要去解决这一问题,我们一方面要鼓励越南汉语教师积极编写商务汉语教材,另一方面应给予越南高校教师一些人力、物力协助,共同催化高质量越南商务汉语教材的诞生。

3.增加实践型汉语教师培训,实现培训形式多样化

鉴于目前80%以上的越南高校教师接受过汉语培训,但仍有96.4%的教师希望参加"汉语教学方法"培训这一现状,可增加汉语教师培训的形式。目前的教师培训基本为专家讲座形式,而讲座虽可以提升理论水平,但教学实践水平很难得到有效提升。知晓各类教学法固然重要,但一味追求教学法也不可取。陆俭明(2019:92)将美国应用语言学教授库玛(B. Kumara-vadivelu)提出的"后方法"语言教学理论要义总结为"强调不要拘泥于某一种教学方法,要因人、因时、因地、因条件采用有针对性的教学手段"。可设立一些"名师示范课"类型的汉语教师教学实践工作坊,让参加培训的教师现场体会专家的授课方式,学到实际的教学方法及技巧;还可设立学员授课、专家点评的环节,使汉语教师培训更具实践性。

另外,现在网络有丰富的慕课(MOOC)资源,越南教师也可利用这些网络资源各取所需,远程观摩中国汉语教师的课堂,学习针对不同知识点的具体教学方法。

二、对国际中文教育的启示

越南国家层面要求外语专业学生毕业时达到《欧洲语言共同参考框架:学习、教学、评估》规定的 C1 水平,第二外语要达到 B1 水平,即汉语专业学生毕业要求达到 HSK 五级水平,二外汉语的学生要达到 HSK 三级水平(阮福禄,2014)。这反映了越南对于世界认可度较高的语言能力评价标准的重视,我国今后在制定汉语语言能力评价标准,汉语能力考试出题时,也应当注意对标世界通用标准。

了解汉语在不同国家基础教育阶段设立的能力目标,了解不同国家关于对汉语专业及二外汉语学生需要达到的水平要求,并参考对象国外语专业的培养目标,开发适应当地外语培养需求的本土汉语教材,制定适应当地要求的汉语人才培养策略。

参考文献

DANG Q D,2018.越南高校汉语专业教师教研结合信念探究[D].上海:上海外国语大学.

陈传俊(TRAN TRUYEN TUAN),2015.越南本土汉语教材研究[D].北京:中央民族大学.

陈灵芝(TRAN LINH CHI),2016.汉语国际传播视角下的越南高校汉语教学发展研究[D].北京:中央民族大学.

陈氏碧香,2018.越南学生商务汉语学习需求调查分析——以越南河内国家大学下属外国语大学及河内外贸大学为例[C].汉字文化圈汉语教学与研究,河内国家大学出版社:395-402.

胡得国英,2018.汉语在越南传播状况分析[J].国际传播(5):76-84.

黎明庄,2015.越南河内大学汉语教学现状调查[D].上海:上海师范大学.

刘汉武,2011.越南汉语教材的现状及编写建议[J].现代语文(9):116-118.

陆俭明,2019.话说汉语走向世界[M].北京:商务印书馆.

阮福禄,2014.国家外语教学标准化——越南汉语教学的新挑战[J].国际汉语教学研究(3):3-4.

阮光武,2014.汉语教材在越南的编写和使用情况考察分析[D].北京:北京外国语大学.

阮秋姮,2019.越南汉语的语言地位与汉语教学政策研究[D].北京:北京语言大学.

阮文清,曾小燕,2016.越南高校汉语师资现状分析[J].华文教学与研究(3):63-73.

潘其南,1998.越南汉语教学概况[J].世界汉语教学(3):110-112.

王玲娟,黄美英,Chí Cám Mùi,2017.越南胡志明市及周边地区大学汉语教学情况调查与对策研究[J].重庆师范大学学报(哲学社会科学版)(1):105-112.

吴应辉,2009.越南汉语教学发展问题探讨[J].汉语学习(5):106-112.

武清香,2018.越南高校汉语专业发展现状调查与对策分析[C].汉字文化圈汉语教学与研究,河内国家大学出版社:489-493.

武氏春蓉,2001.略论汉语对越南语的影响[J].济南大学学报(社会科学版)(5):56-57.

张治国,2016."一带一路"建设中的语言问题[J].语言文字应用(4):2-9.

曾小燕,2015.越南汉语教学发展的现状及问题探讨[J].东南亚纵横(5):52-56.

周偈琼,唐永宝,林源,2009.越南三所大学汉语专业本科课程设置评介[J].延安职业技术学院学报,23(2):44-46.

第六章　缅甸的大学汉语教学研究

缅甸汉语教学的历史发展大致可分为四个阶段[①]：①起步及自由发展阶段（19 世纪末期至 20 世纪 60 年代中期）；②发展低谷阶段（20 世纪 60 年代中期至 80 年代末期）；③发展复苏阶段（20 世纪 90 年代至 21 世纪初）；④快速发展阶段（21 世纪初至今）。

缅甸汉语教学虽然历史悠久，但其发展历史曲折（郑通涛等，2014），而且缅甸的汉语教学相对于其他东南亚国家如泰国等发展缓慢（夏玉清等，2015）。目前，汉语在泰国、印尼、菲律宾、马来西亚、新加坡、越南、老挝、柬埔寨、文莱都已进入国民教育体系，可以作为正式课程开设，而只有在缅甸，汉语教学因未获得政府许可，所以尚不能取得合法地位（马艳等，2015；张栋等，2019）。尽管如此，进入 21 世纪后，缅甸学习汉语的人数激增，汉语成为仅次于英语的第二热门外语。2005 年至 2012 年 7 年间，在缅甸华文学校学习汉语的人数从 3 万多人增至 7 万多人，华文学校的教师数量从 948 人增至 2000 多人（吴应辉等，2008；邹丽冰，2012）。2017 年华文学校数量近1000 所（娄开阳等，2018）。而将汉语作为第二外语的教学模式，主要存在于由缅甸政府开办的 2 所外国语大学、1 所国防大学，以及 3 所孔子课堂和其他汉语中心。

传统华文教育在缅甸源远流长，是缅甸汉语教学的主体部分，主要集中在缅甸北部和中部的私立华文学校。与此不同，大学汉语教学起步较晚。1967 年，缅甸的公立大学仰光外国语大学开设了汉语系。这是缅甸第一所开设汉语专业的大学，培养汉语专业的专科生和本科生。这一时期缅甸的汉语教学处于发展低谷期，仅有该校的汉语系能够正常地开展汉语教学。

[①]　前三个阶段参考吴应辉等（2008）、郑通涛等（2014）等，第四个阶段由笔者提出。

另一所公立大学曼德勒外国语大学于 1997 年设立汉语专业。这两所大学汉语专业本科在校生人数为 100～200 人。

国内相关研究从多个角度对缅甸汉语教学进行了论述。关于缅甸华文教育的研究很多,如林锡星(2003)、范宏伟(2006)、娄开阳等(2018)研究了缅甸华文教育产生的背景、现状与发展趋势;李春风等(2016)描述了缅甸百年中小学华文教育的发展历程,并分析了其特点;陈丙先等(2017)研究了缅甸华校的发展现状与问题,并提出了解决对策;黄金英(2011)、李瑞文(2012)等考察了缅甸中小学汉语教材。从对外汉语角度对缅甸的汉语教学进行探讨的研究相对较少,其中既有微观层面的研究也有宏观层面的研究。微观层面的相关研究有:吴海燕(2011)、王德仙(2013)考察了缅甸学生的汉语语音教学;曹美爱(2017)探讨了缅甸学生汉语量词的习得与教学;刘琼(2012)提出应针对缅甸学生的对外汉语教学方法进行个性化设计。宏观层面的相关研究有:娄开阳等(2016)、粟明月(2019)研究了缅甸的汉语师资问题;夏玉清等(2013;2015)、陈仙卿(2014)、郑通涛等(2014)、马艳等(2015)、刘振平(2017)等对缅甸汉语教学的历史、现状及发展进行了考察。近年还出现了不少有关缅甸汉语教学的学位论文,这说明缅甸汉语教学研究已成为学界关注的热点。关于缅甸大学汉语教学的部分,均以仰光外国语大学和曼德勒外国语大学两所大学为主。在缅甸出版的相关研究几乎没有。

目前,针对缅甸大学汉语教学的相关研究尚显不足,对缅甸大学汉语教学的现状及问题亦不十分清楚。

第一节　缅甸的大学汉语教学现状调查

笔者于 2013 年和 2017 年两次赴缅甸调研,以期摸清缅甸的大学汉语教学现状及现存问题,并于 2017 年 1 月 1 日,以缅甸曼德勒云华师范学院的学生为对象开展了问卷调查。

云华师范学院创立于 2013 年,拥有缅甸官方承认的办学资质,约有 1500 名在校生。该校以培养华文教师为主,可被视为缅甸华文教育领域大学汉语教学的代表。与两所官办外国语大学仰光外国语大学和曼德勒外国语大学不同,云华师范学院的学生除了学习本校培养方案中的课程,还有机会接受来自中国大陆和中国台湾的师资培训,这是华文师范学院的特点。因此,笔者在调研时,也调查了他们接受汉语师资培训的情况。

该调查研究的意义如下。第一,可丰富现有华文教育领域中缅甸大学汉语教学研究的数据和内容。现有华文教育研究以中小学为主,大学相关研究较少;第二,可对缅甸大学汉语教学研究做出有益补充。现有研究多以仰光外国语大学和曼德勒外国语大学的汉语教学为主,这两所高校的汉语系均把汉语作为外语/第二语言进行教学。本书调查的云华师范大学属于传统华文教育领域,汉语作为母语/第一语言进行教学,因此,该调查可补充汉语作为母语/第一语言进行教学的大学汉语教学内容。第三,可为海外汉语教学研究中师范院校的汉语教学研究作出贡献。师范院校的学生将成为未来汉语教学的中坚力量,是教学三要素(教师、教材、教法)中最核心的要素,因此,研究师范院校学生的教学现状,对于把握缅甸大学汉语教学现状具有重要意义。本书可成为这方面调查研究的补充。

另外,本书还将补充缅甸非师范类大学汉语教学的现状,并与师范类大学汉语教学进行对比,以期更全面地反映缅甸大学汉语教学的现状。

一、问卷实施情况

(一)调查对象及数量

1.调查对象

本次调查对象为云华师范学院的在校师范生,调查人数为 74 人,调查对象基本情况如下。

(1)性别:女性占大多数,人数 54 人,占 73.0%。

(2)年龄段:以 18～25 岁的人数最多,共 63 人,占 85.1%;其次是 41～50 岁,共 5 人,占 6.8%;其他年龄段 26～30 岁 3 人,31～40 岁 2 人,50 岁以上 1 人。

(3)民族:汉族比例最高,31 人,占 41.9%;傣族 8 人,占 10.8%。两者总数超过一半。

2.问卷数量

本次调查共发放 110 份调查问卷,回收 107 份,其中有效问卷为 74 份。

（二）调查设计

本次调查采用方便抽样法。问卷共设计 22 道题,具体内容涉及学生的基本情况、教学经验、参加师资培训的情况、对缅甸汉语教学的期望等。问卷语言为汉语。

问卷调查的内容主要分为三部分:第一部分是了解被调查者的基本信息,包括性别、年龄、民族、出生地、生长地等;第二部分是了解被调查者的职业状况,包括受教育程度、工作性质(专职教师/兼职教师/补习教师)、从业年限、所授课程、教学对象等;第三部分是了解被调查者所接受的师资培训情况,包括是否接受过教师培训,接受培训的时间、地点、次数、时长、内容、方法、培训师、主办方、教材等。

问卷的最后两道题是开放式问题,要求被调查者回答"教学中遇到的亟待解决的问题"和"缅甸华文教育最需要的帮助"。

二、调查结果

（一）学生基本情况

云华师范学院是华文学校,本次调查对象的基本情况反映了华校的特点:学生多来自华人华侨家庭,且第一语言为汉语的学生居多。这与缅甸的外国语大学不同,如曼德勒外国语大学汉语系的大多数学生为缅族人,汉语零基础,他们进入大学以后才开始学习汉语。

此次问卷调查结果显示该校学生的基本特点如下。

1. 来自华人华侨家庭的学生较多

调查对象的 74 人中,有 50 人生长在缅甸①,其中来自华人华侨家庭的有 45 人,占调查对象人数的 60.8%。父母均为华人华侨的有 37 人,其中父母一方为华人华侨的有 4 人,父母均为华人华侨的有 4 人。出生及生长在中国且父母均为中国人的学生有 24 人,占 32.4%。来自缅甸家庭的只有 5 人,占 6.8%。调查对象的出生家庭及其比例如图 6.1 所示。

---

① 本次问卷除了调查生长地外,还调查了出生地,以考察调查对象的生长地与出生地是否不同。调查显示,只有 1 名调查对象出生在泰国,生长在缅甸。其他调查对象的生长地与出生地一致。

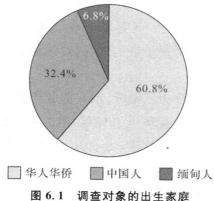

图 6.1　调查对象的出生家庭

　　由此可见,学生多来自华人华侨家庭,对中华文化及生活习惯有一定程度的了解和体验。

　　2. 第一语言为汉语的学生居多①

　　在本次调查对象的 74 人中,第一语言为汉语的学生共有 54 人,比例为73.0%,占多数。在缅甸出生及生长的调查对象有 49 人,在家中使用汉语的有 30 人②。在中国出生及生长的 24 人,第一语言均为汉语。另有 1 名泰国出生缅甸生长的学生,第一语言为泰语。由此可见,该校大部分学生的汉语语言能力强,汉语使用没有障碍③。

　　3. 具备一定教学经验的学生过半

　　(1)教学经验:调查对象 74 人中,具有汉语教学经验的超过半数,有 38人,占总人数的 51.4%。38 人除教授过汉语外,还教授过语文、数学、英语、物理、历史、科学、音乐等科目。

　　(2)教学对象:在拥有教学经验的调查对象中,有 28 人的教授对象为小学生,其次是中学生,还有大学生和孔子学院或课堂的学生。

---

　　①　此处用"第一语言"而不使用"母语"概念,因为母语是本民族语,所有的华裔子弟的母语均为汉语(华语),但其第一语言并非汉语。参见:李宇明,"论母语",《世界汉语教学》2003 年第 1 期,第 48—58 页。

　　②　有的家庭同时使用汉语和其他语言。

　　③　在缅甸出生及生长的调查对象有 49 人,家中使用缅甸语的有 14 人,使用云南方言的有 5 人。另外 30 名使用汉语的家庭,除了使用汉语外,还会同时使用其他语言,同时使用汉语、缅甸语的 3 人,同时使用汉语、缅甸语、泰语的 1 人,同时使用汉语、傣族语的 1 人。

（3）教学时间：教学时间为 1 年的人数最多，有 8 人。20 年以上的有 6 人，他们是汉语教师，同时也是云华师范学院的师范生，毕业后可获得师范文凭。2.0～2.5 年的有 5 人，4 年、5 年、7 年、8 年、12 年约各 1 人，没有明确填写时间的有 2 人。

由此可见，学生在课余时间当兼职教师、志愿者教师，或职业教师作为学生进修，因此具备教学经验的人较多，且教授的课程多样，教授对象多集中为中小学生。

（二）师资培训特点

调查对象中，接受过汉语教师培训的有 29 人，占 39.2%。由于调查对象是师范生，他们毕业后主要从事教师工作，并且多成为中小学华校的教师，因此部分学生在校期间就接受过汉语师资培训，而此前与缅甸大学汉语教学的相关研究并未对在校学生的师资培训现状进行调查，这与学校性质有关。缅甸外国语大学汉语系的教学着重对汉语本体知识的教学与研究，该类院校中参加师资培训的人主要集中在教师这一群体，在校学生一般不会参加师资培训。本书对师范在校学生的汉语师资培训情况进行调查，可从学生角度对现有缅甸师资培训的相关研究进行补充。

根据调查对象的回答，缅甸的汉语师资培训的特点可总结如下。

1. 培训内容较为丰富

华文师范生所接受的汉语师资培训课程内容丰富（见表 6-1）。

调查问卷的第 12 题为多选题，题目是"您接受过哪些方面的培训？"，目的是调查师资培训的课程内容，本题有效回答的人数是 29 人。调查结果显示，选择教学方法（包括教学设计理论、各种教学法、各种教学技能、教案设计）的人数最多，占比 89.7%；知识方面（包括语音、汉字、词汇、语法、文化、中国概况、写作）的人数居次，占比 75.9%。除此以外，还有中华才艺（占比 51.7%）和文学方面（占比 44.8%）的课程。选项的具体内容、选择该项的人数及所占比例详见表 6-1。在"其他"这一项中，调查对象补充了国家礼仪差异、跨文化交际和数学[①]。

---

① 这一题是半开放式题目，调查对象可补充选项中没有的课程。

表 6-1　培训内容

选　项	人　数	比　例
知识方面——语音、汉字、词汇、语法、文化、中国概况、写作	22人	75.9%
教学方法——教学设计理论、各种教学法、各种教学技能、教案设计	26人	89.7%
中华才艺——书法、绘画、剪纸、太极拳、舞蹈、歌曲	15人	51.7%
文学方面——散文、诗歌、小说、古代文学、现当代文学等	13人	44.8%
其他	4人	13.8%

调查对象认为参加培训后,最大的收获是教学方法和课堂管理(处理突发情况)相关方面的提高,通过培训可积累教学经验,学习教学方法,此外也拓展了中华文化方面的知识,如跨文化交流等。

2.培训方法趋向多样

汉语师资培训方法以教师讲授为主,而调查对象希望以教学演练的方式进行培训。

在第13题"您参加汉语教师培训用的方法是什么?"这一多选题中,调查对象选择"老师讲授"选项的人数最多,26人,占比89.66%。选"课堂观摩"和"使用多媒体"的第二多(各55.17%),选"分组讨论"的第三多(51.72%),选网络培训的最少(13.79%)。调查结果如表6-2所示。

表 6-2　培训方法

选　项	人　数	比　例
老师讲授	26人	89.66%
网络培训	4人	13.79%
课堂观摩	16人	55.17%
使用多媒体	16人	55.17%
分组讨论	15人	51.72%
其他	3人	10.34%

笔者同时调查了 74 名调查对象希望用什么培训形式进行培训,此题为多选题,选择"教学演练"的最多,占 54.1%;"其他"①排第二;"专题讲座"排第三(详见表 6-3)。

表 6-3　调查对象希望的培训形式

选　项	人　数	比　例
专题讲座	20 人	27.0%
系统授课	16 人	21.6%
教学演练	40 人	54.1%
工作坊(小组讨论)	15 人	20.3%
其他	23 人	31.1%

由此可见,调查对象看重教学演练,与汉语语言能力提高相比,他们更关注教学方法与技巧的提高。这点与调查对象是师范学生,将来要从事教师行业有关。

3. 培训项目大陆为主

目前,对缅甸大学汉语师范生的培训项目仍以中国大陆为主,这主要反映在培训地点和培训教师上。

(1)培训地点②:在 29 人中有 16 人曾在中国大陆受训,占 69.0%;在缅甸受训的有 7 人;同时在中国和缅甸接受过培训的有 6 人;填写其他地区的有 1 人。

(2)培训教师:以中国大陆大学教师为主,占 82.8%;大陆中小学教师居次,占 44.8%。目前尚无缅甸本土教师担任培训教师。

4. 培训集中在读书期间

调查对象主要在读书期间接受培训。调查对象中有 25 人在读书期间接受过培训,只有 4 人在工作以后接受过培训。

调查对象中只参加过 1 次培训,或者参加过 3 次及以上培训的,各有 12 人,各占比 41.4%。参加过 2 次培训的有 5 人。

---

① 在"其他"这一半开放式问答中,调查对象没有填入具体的内容。
② 培训地点及培训教师是多选题。

　　参加培训的时长分别有 1 周、2～3 周、1 个月、1 年。其中 2～3 周及 1 年的占比最高,均为 32.3%。1 周的占比为 25.8%;1 个月的最少,占比为 9.6%。

第二节　师资队伍分析

　　缅甸的大学汉语教师以缅甸本地人为主。以曼德勒外国语大学为例,只有到了大四第二学期才有中国老师教授汉语课。

　　缅甸大学教师属于公务员,除了教学任务外,还需参加公务员培训。另外,还要做好学校的其他工作,如组织学校各类活动等。缅甸的大学老师是全职教师,不允许兼职,工作时间为早上 7 点到下午 4 点(粟明月,2019)。教师分为:教授、副教授、讲师、副讲师和助教。大学教师月薪折合成人民币大概为 1500～2000 元。与之相比,校外的汉语补习班教师待遇较高,视工作效率而定,一般月薪在 3000～4000 元。华文学校的汉语教师也会比大学教师待遇高。由此可见缅甸大学的汉语教师待遇不算高,但能维持教师的基本生活开支。

　　外国语大学的教师由缅甸教育部聘请分配,他们须满足以下两个条件:①必须通过公务员考试(考试科目:缅语、英语和常识);②必须是缅甸外国语大学本科毕业生。粟明月(2019)对两所外国语大学教师队伍的学历统计如表 6-4 所示。

表 6-4　外国语大学教师队伍的学历统计表(粟明月,2019)　　　　单位:人

学　校	学　历			合　计
	博士研究生	硕士研究生	本　科	
仰光外国语大学	3	16	6	25
曼德勒外国语大学	1	14	4	19

　　由此可见,外国语大学教师以硕士学历为主。

　　刘振平(2017)指出,仰光外国语大学汉语系教师人数随着办学层次的提升和学生人数的增长逐步增长。1965 年至 1981 年只有 1 位专职教师,现

在有 20 多名汉语教师。其中大多数教师以多种形式来中国学习过,短的 1 个月,长的 6 年,还有从中国的大学获得博士学位的教师。中国中外语言交流合作中心从 2001 年起向仰光外国语大学派遣汉语教师,每次 1 人,任期 2 年。

这两所外国语大学培养了很多汉语人才,其中部分学生毕业后从事汉语教学工作,部分学生留校任教成为大学的汉语教师。

外国语大学师资存在如下问题。

一、教师缺乏汉语教学知识,导致教学方法落后

外国语大学新手教师是本校汉语系本科毕业生,而学校的培养目标是培养综合型汉语人才,汉语系缺乏对汉语教学方面知识的教授。而拥有硕士、博士学位的教师主要是语言学及应用语言学专业毕业的,从事汉语本体研究,因此虽然拥有丰富的汉语知识、语言学知识,但对汉语学习知识、汉语教学知识较为欠缺,教学理念较落后。因此,课堂教学主要以教师讲授为主,学生练习机会较少。

二、很少参加在职培训

新手老师在刚入职时需要参加为期 1 个月的公务员培训,入职后第一年不需要上课,只需旁听老教师上课,随时向老教师学习、请教教学方法和技巧,无须汇报或提交听课心得或教学反思。总体来说,缅甸汉语教师入职培训比较倾向于"师傅带徒弟"形式。而在职培训有"请进来"和"走出去"形式。前者指缅甸教育部每年选派两名教师到中国大陆参加汉语进修班,以丰富缅甸汉语教师的专业知识。后者指由中国中外语言交流合作中心与缅甸的孔子课堂合作讲学与交流。但这类培训一般在每年 7 月举行,与缅甸大学上课时间冲突,因此教师很少有机会参加。缅甸的师资培训多以华文教师培训为主,不能满足本土教师的进修需求。

龙威(2012)指出,曼德勒外国语大学的汉语师资主要表现为教师数量不足和教师专业性不够。曼德勒外国语大学汉语系本科班每年约有 50 名新生。这些学生在高考时均凭借高分被曼德勒外国语大学汉语系录取,因此学生的学习能力较强。但由于大学师资力量薄弱,所以教学效果不甚理想。曼德勒外国语大学汉语系每个班级的学生为 30～40 人,每位教师每天

的课时量约为 6 小时,每天平均上两门课,教师工作量过大。而过大的工作量会导致教师备课不充分,进而会影响教学效果。另外,曼德勒外国语大学刚开设汉语系的时候只设立了大专,没有本科,直到 2000 年才设立本科,因此对于教师的学历要求不高。当时的毕业生获得汉语专业大专文凭后,大多从事大学汉语教学工作。留校任教的教师成为曼德勒外国语大学的中坚力量,其中部分教师的本科专业是化学、法学、物理学等,他们在本科毕业后才通过学习汉语专业获得汉语大专文凭,因此没有系统接受过汉语教学的训练,其汉语水平和汉语教学水平有待提高。这就成为制约该校汉语教学发展的一个重要因素。

随着教师到中国进修,接受学历教育后,曼德勒大学汉语教师的学历水平才获得了很大提升,具有硕士学位的教师占大多数,这对于该校汉语教学的发展非常有利。

师范类学院教师也以缅甸本土教师为主。以云华师范学院为例,汉语教师由缅甸本土教师、祖籍国的外派教师、中国国内各大高校合作单位的实习生、云华师范学院外聘教师组成。本土教师有 25 名,有云华师范学院两年的学习经历和云南师范大学与昆明华文学院一年的见习经历,他们具备一定的汉语常识和中国文化常识。学院会定期对本土教师进行培训,培训主要由中国外派教师实施。2013 年至 2018 年,外派教师累计 31 名,其中包括侨办外派 21 人和中外语言交流合作中心外派 10 人,所派教师都是优秀的汉语教师,具有丰富的教学经验。另外,云华师范学院定期招聘中国资深教师赴该校任教,还会从合作院校选拔优秀实习生到该校任教。截至 2018 年,外聘教师累计共 6 人,国内合作院校实习生累计共 25 人[①]。

本次调查结果显示,学生认为缅甸汉语教学最需要帮助解决的问题中,师资问题占比最高,为 58.1%。这是缅甸大学汉语教学的主要问题之一。客观条件上,缅甸的教师收入偏低,因此很多学校教师不固定,流动性大,尤其是偏远地区得不到教学支持。主观条件上,教师学历层次普遍较低,受过专业训练的教师更少。调查结果还反映出教师发音不标准等问题。

师范类学院汉语教师存在着与外国语大学汉语教师类似的问题。如教师数量不够、专业性有待加强以及接受汉语教学方面的培训不足等。由于

---

① 本段内容参考文献王南南(2019)。

课时量较大,教师数量不够,从而引发了教师工作量过大、备课不充分、没有足够时间提升自己的教学水平等诸多问题。教师的时间多用于备课、上课,而用于科研、继续教育方面的时间较少。除此以外,师范类学院汉语教师中获得硕士及以上学历的人很少,汉语专业教师参加师资培训、进行继续教育或者在职攻读硕士、博士学位的人数较少,这不利于教师教学技能、科研能力、专业能力的提升。这除了教师本身的工作量较大等原因外,还受制于培训及进修的时间、地点以及培训开展的频次,因此教师很难在工作之余参加继续教育。通过调查还发现,师资培训的教学方法以教师讲授为主,缺乏课堂互动。这会对参加培训的教师产生消极影响,既不利于激发学生的学习兴趣,也不利于提高教师的教学能力。教师如何在工作后提升汉语水平、提升汉语教学水平,增强教师专业性,是缅甸汉语教学中的一个重要问题。增强汉语教师的专业性,还需要来自学校、政府的支持及教师自身的努力。另外,需要补充的一点是,缅甸教学设备较为落后,基本没有多媒体教学设备及网络教学设备。因此,目前对于很多缅甸的汉语教师来说,多媒体教学、网络教学方面的培训并无太大用处。

由于历史原因,缅甸的汉语师资本来就很薄弱,而大学汉语系人数在逐年增加,汉语教师就显得更为短缺。缅甸大学汉语教师的培养工作缺乏系统性,培训时间安排不够合理,培训次数不够,培训方法较为单一,高层次人才的培养工作仍较为薄弱。而且现有的不少老师没有经过汉语教学理论、教育学、跨文化交际学、第二语言教学理论等方面的专业训练,教学过程不统一,随意性较大,缺乏科学指导,教学质量难以保证。教师在科研方面的精力投入少,这与缅甸的教育制度及经费情况有关,学校也无相应的鼓励措施(龙威,2019)。

第三节　课程设置分析

缅甸大学的汉语课程总体来说种类齐全,基本涵盖了语言技能的各个方面。

仰光外国语大学和曼德勒外国语大学是缅甸外语类院校的代表院校,这两所大学汉语系的办学层次、课程设置、所用教材几乎一样,只是在学校规模上,曼德勒外国语大学稍小于仰光外国语大学。这两所大学所设课程都强调汉语基本技能,具有一定的应用性和实用性,还根据学习者需求开设不同层次的班级,面向缅族学生,遵循因材施教的原则(龙威,2019)。

这两所大学本科在 2006 以前为三年制,2006 年以后改为四年制。大一、大二是基础阶段,主要设置汉语的入门课程,如汉语听说课、阅读课、写作课和汉语语法课,内容包括拼音、汉字、听说、写作等;大三、大四是提高阶段,设置汉语中高级课程,内容包括汉语听说、汉语阅读与写作、汉语语法、中国当代文学、文化、翻译、商务汉语、汉语语言学等。大四的部分课程由中国籍教师教授。除此以外,学生还要选修公共必修课,包括缅语、英语、缅甸概况及应用语言学、哲学、东方语言学等课程。仰光外国语大学开设了硕士学位和博士学位课程,曼德勒外国语大学开设了硕士学位课程。

另外,比较有特色的是,这两所大学的汉语教学除了本科专业教学外,还有大专文凭的教学,以及面向校外人员开设的汉语教学课程,统称为"学习班"。学习班又分"业余班"和"专修班"两种类型,业余班毕业授予的是结业证,专修班毕业授予的是大专文凭(张栋等,2019)。"学习班"又分为早班和晚班。早班学生以社会人士为主,多为工作需要而到学校来学习汉语;晚班学生多以想考外国语大学没考上,又想学习汉语的学生为主,这些学生主要是其他学校的非汉语专业学生,他们通过晚班的学习,可以满足其对汉语学习的需求。仰光外国语大学业余班于 1965 年开始招生。这两所外国语大学的汉语系本科生每一届约为 30~50 人。仰光外国语大学开设的大专班和业余班,人数均为本科班的 3~4 倍,2013 年在仰光外国语大学学习汉语的学生共有 1400 人左右。曼德勒外国语大学汉语早班和晚班的学生各约 200 人。

师范类高校的课程内容除了包括汉语言相关知识外,还包括师范专业相关知识,其中有外语教学法、教育理论专题等教育专业理论知识。以云华师范学院为例,该校主要设置两个专业,分别是汉语言专业(师范类)和学前教育专业,汉语言课程均为这两个专业的主干课程。汉语言专业(师范类)与昆明华文学校合作办学,采取"2+1"的办学模式,学制为 3 年,在云华师范学院学习 2 年,到昆明华文学校学习 1 年,均为全日制教学。该专业学生主修汉语言专业的主干课程("现代汉语""汉字识读写""中国概况""汉语写作""听力""口语""阅读"等)以及师范类课程("教育学""心理学""教师职业规划")。课程设置还结合当地实际情况加入了"小学语文""小学数学"

"教材教法""计算机应用""教育学"等课程。课程设置分为通识必修课、专业基础课、通识教育选修课和专业选修课。选修课程根据学校每年的教师资源情况来安排。在曼德勒外国语大学,前两年主要巩固汉语基础和文化基础,第三年到昆明进行专业技能学习和专业实习实践。该专业按照中国华侨大学的教学大纲和课程设置来制订教学计划,在华侨大学规定的课程之上,还增加了汉语基础的课程,以解决学生汉语水平参差不齐的问题。毕业后发放华侨大学汉语言专业大专文凭。学前教育专业学制为 2 年,在曼德勒外国语大学完成全部课程,教学大纲和课程设置由云南师范大学制定,学生毕业后发放云南师范大学专科毕业证书。该专业设置汉语基础知识(汉语拼音、唐诗宋词、幼儿教育学、心理学)以及幼儿教学类课程,开课情况还会根据每年教师的情况来调整。学院还开设了专门的文化知识课,如"中国概况",涵盖了中国的地理、历史、民俗、节日、书法、音乐、舞蹈、绘画等方面的内容,以便学生能够学到较为系统的文化知识,了解中华传统文化。学院每学年都会组织学生到云南师范大学进行为期半个月的集中授课①。

除了上述两类高校开设汉语课程,军校类高校缅甸国防大学也开设了汉语课程,但汉语仅仅作为语言专业中的课程进行教授,并没有开设汉语系。

由此可见,各类院校对于汉语课程设置各有特点,外语类大学偏重汉语语言技能,师范类院校除了语言技能外还开设教学技能类的课程,其他大学则作为专业以外的第二外语类课程开设汉语课程,且大学的汉语系没有设置商务汉语等其他方向。

而在课程内容方面,根据调研可知,云华师范学院的学生希望在汉语课程中加入教学方法、技巧方面的内容。这是由于师范学院的学生将来大部分将从事教师行业,学生在学习汉语的同时,希望获取更多教学方面的知识。除此之外,云华师范学院存在汉语书面语教学不足的问题。

具体调查结果总结如下。

一、汉语教学方法教授不足

调查问卷的第 19 题为多选题,题目是"你希望得到哪方面内容的培训?",目的是考察调查对象希望通过汉语教学学习的教学内容。该题的有效回答

---

① 本段内容部分参考文献谢晨辰(2018)。

人数为74人。在74名调查对象中,59.5％的人希望能够得到更多教学方法与技巧方面的指导,占比最高。除此以外,40.5％的人希望获得汉语知识方面的培训,31.1％的人希望获得中华文化方面的培训(见表6-5)。

表6-5 调查对象希望学习的内容

选　　项	人　　数	比　　例
汉语知识	30 人	40.5％
教学方法与技巧	44 人	59.5％
中华文化	23 人	31.1％
其　　他	23 人	31.1％
本题有效填写人次	74 人	

此外,在回答"您在教学中遇到的亟待解决的问题有哪些?"时,与教学方法相关的问题最多,如"提问技巧""华文教育专业知识训练""如何引起学生兴趣""教学方法如何适应当地学生的学情"。其次是关于教学管理方面的问题,如"课堂纪律管理""学生不做作业""个别后进生的转化"等。

学生母语多为汉语,因此他们的汉语语言能力较强,但由于教师对教学方法没有进行系统的学习,因此之后把握课堂的能力、引导学生的能力不足。与汉语言能力的提高相比,调查对象更看重教学水平的提高,希望通过学习教学方法与技巧,提高自身的教学水平。

在缅甸大学汉语教学中,包括师范院校,课程设置都偏向汉语基础知识,而中华文化、教育理论和实践比重较少。由于师范院校绝大部分学生毕业后要从事汉语教学工作,因此在课程设置上,除了应有的知识基础之外,还应有针对性地加强教学方法与技巧、教学管理方面的系统培训。

二、汉语书面语教学不足

调查对象反映,自己面临着"汉字的书写、阅读能力的提高"等方面的问题。虽然调查对象的第一语言多为汉语,大部分人从小接触汉语,但是存在听说能力较强,读写能力不足的问题。对于缅甸学生来说,汉字是汉语学习的难点之一,因此需加大书面语的教学,增加写作课程的比重。

书面语教学不足也是缅甸汉语教学中普遍存在的问题。

第四节　教学方法分析

现有研究中,对于缅甸大学汉语系的学生"希望在课堂上使用什么语言进行授课"这一问题,粟明月(2019)于 2016 年对曼德勒外国语大学汉语系学生进行了调查。调查发现,66％的学生希望教师在课上一半使用母语一半使用汉语授课,34％的学生希望教师全汉语授课。有一半学生认为口语训练在课堂上比例应占 50％。

王南南(2019)对云华师范学院汉语文化类课程的教学模式进行了考察。该论文指出该校以前文化类知识不会单独开设课程进行教学,只是与语言教学内容一起开展教学,近几年随着教师和学生数量的增加,学校开始开设文化课。该课程主要由中国派遣的汉语教师担任,教师采用传统的授课模式,以教师讲授为主,PPT 播放内容为辅,学生则是被动地听、记笔记、课后背诵、熟记为主,学生很少在课上发言和教师互动。教学方法单一,老师和学生缺乏互动,学生没有自主发言的机会,课堂气氛不活跃,课堂枯燥无趣,教学效果不佳。该论文还建议使用"任务型教学法"进行中国文化课程的教学。

据调查,缅甸大学汉语系的教学理念主要是"以教师为中心",教学方法较为传统,主要是以教师讲授、学生听讲为主。以下对各类课程所使用的方法进行简要介绍。

(1)汉语精读类课程:由于缅甸很多大学教室没有多媒体设备,无法展示图片、视频等,因此汉语精读课主要使用翻译法进行教学,教师直接把汉语的单词、句子、语法等翻译成缅甸语进行讲解,辅以提问,让学生进行简单的中缅互译。解释课文的时候也使用这一方法,一般不要求背诵课文。出现的新单词要求学生提前预习,课上听写或默写。教学的步骤主要是:教师讲解单词→讲解课文→教师示范朗读课文→学生朗读课文→学生完成作业→学生复习预习。

(2)会话类课程:会话课教学方法相对灵活一些,如让学生根据课文主题自编情境对话,在教室里发表。学生自编对话时不能照搬课本里的对话,必须是按自己假设现实场景编写的对话。会话课也会使用翻译法,尤其是基础阶段,教师讲解或提问学生时会进行中缅互译。

(3)听力类课程:目前缅甸大学的汉语听力课主要使用课本配套的磁带或电子光盘,磁带使用较多。在基础阶段,主要是老师播放听力内容,然后对内容直接进行讲解。到了大二、大三,在听力内容播放结束后,学生对听力内容展开讨论。对于听力课文中出现的新单词,老师会要求学生提前预习。

(4)历史课:历史课设置在大二,主要使用翻译法,便于学生理解。课堂上主要是老师对历史事件进行讲解,学生记忆。

(5)文学课:文学课设置在大三以后,主要使用翻译法进行教学,学生对文学内容进行阅读理解、答题。

由此可见,缅甸大学汉语教学方法以翻译法为主,辅以其他教学方法。不同班级、不同教师的教学方法会有一定的差异,但总体来说,教学方法较为单一,缺乏互动,缺乏引导和启发。教学理念没有与时俱进,以教师为中心的单向教学,灌输式教学方式较为普遍(龙威,2019)。有些老师"以教为重,以讲为主",汉语课堂主要使用教师领读、学生跟读的传统模式,强调汉语语法、中国文化、中国常识等内容的教学,忽视了汉语交际能力的培养,不能满足学生的学习需求,也较难实现汉语教学本土化。课堂重视学生阅读能力和语法结构的分析,开口练习机会较少。因此产生了汉语教学缺乏趣味性,课堂气氛沉闷等问题。教学效果不佳,很多学生听说能力较差。有部分学生反映实际应用汉语的能力较差,无法使用汉语应对实际生活场景,尤其在工作以后这一问题更为凸显,无法灵活运用汉语应对工作中出现的各种问题。龙威(2019)调查发现,缅甸学习汉语的学生中很多处于被动学习的状态。这与教学方法较为单一也有一定关系。

造成教学方法单一的主要原因有以下两点。

(1)缅甸大学汉语教师中,接受过汉语教学知识、方法、技巧相关知识的教师较少,大部分教师不是师范专业毕业生,没有接受过教学方法及技巧的训练。例如,外国语大学的汉语教师主要是本校毕业生留校,并未系统地接受过外语教学理论与方法、汉语教学理论与方法的学习,在校期间也不像师范类专业学生一样有教学实习、教学实践等活动。因此,教学理念、教学方法较陈旧。

(2)缅甸教育部对教师要求较其他国家宽松得多,只要按时完成学校规定的教学内容即可,教学效果不受重视,教师教龄到达规定年限就可以评职称,因此教师不积极提高专业水平,不重视更新教学方法。

　　笔者通过本次调查也发现,师资培训的教学方法也以教师讲课为主,学生希望增加教学实践、教学演习方面的内容。如何提高缅甸大学汉语教师的汉语教学水平、丰富教学方法成为亟待解决的问题。

第五节　教材分析

　　据刘振平(2017)介绍,仰光外国语大学汉语系使用的教材主要有以下几种(未特别注明出版社的,均为北京语言大学出版社):①听力课:《初级汉语课本·听力练习》(鲁健骥编,2003)、《新实用汉语课本·课本情境会话》(刘珣主编,2002);②会话课:《中级汉语听和说》(白雪林等编,2006)、《速成汉语》(何慕编,2004);③写作课:《新世纪汉语学习指导》(董玉国编,2001)、《汉语写作教程》(邹昭华编,2003);④文学课:《桥梁:实用汉语中级教程》(陈灼主编,2000);⑤语法课:《对外汉语教学实用语法》(卢福波编,2011年修订本);⑥阅读课:《汉语初级教程》(邓懿主编,北京大学出版社1993年版)、《汉语中级教程》(杜荣主编,北京大学出版社2004年版)。

　　曼德勒外国语大学的常用教材与仰光外国语大学的教材大致相同。另外,曼德勒外国语大学还使用《中国文化历史故事》(朱一飞等编,上海教育出版社1989年版)、《速成汉语初级教程》(郭志良主编,北京语言大学出版社1996年版)等。

　　其他大学使用的汉语教材也以中国出版的对外汉语教材为主。

　　另外,据王南南(2019)介绍,云华师范学院师范部学生使用的中国文化教材为王顺洪主编的《中国概况》(北京大学出版社出版)。梁宇(2017)指出缅甸属于汉语教材"待发展"国家。汉语教材"待发展"国家是指有一定汉语教材使用基础,但汉语教学规模偏小、教学体系不健全、教材自主研发能力不足、缺乏教学资源、有待政策和资金扶持的国家。其原因有:汉语在中小学国民教育体系中还未取得合法地位;虽然汉语教育需求增长,但未形成较大规模,教材发展受限。近年来缅甸教学发展较快,恢复甚至超越了历史鼎盛时期,但规模仍未有突破性增长,汉语学习人数占全国总人口比例较小。

　　笔者调查发现,缅甸汉语教学最需要解决的问题中,除了师资问题占比最高(58.1%),教学资源匮乏的问题也很突出,占41.9%。教学资源匮乏主要表现在以下三个方面:①缺乏专业的、适合本地区使用的、最新的教材;②缺乏教具;③缺乏电子设备和网络设备。

在教学资源匮乏这一问题中,教材问题最为突出。目前缅甸大学汉语系使用的教材有以下三点问题:①出版年份较老,内容缺乏创新;②对中缅文化差异关注不够,没有编写使用本土教材或适合东南亚学生的、较具普适性的教材,有可能存在缅甸学生难以理解的内容;③教师选择教材的机会很少,长年使用同一套教材,优点是较为熟悉,缺点是无法与时俱进,灵活变通。在缅甸可供教师选择的教材较少,教师无法根据个人的教学方式、课程进度等选择辅助类教材,因而会影响教学效率,进而影响学生实际应用汉语的能力。

第六节　存在问题与对策

针对缅甸大学汉语教学存在的师资薄弱、教学内容不足、教学资源匮乏等问题,本书从教师队伍建设、专业课程建设、普适性教材的编写以及中缅教学合作交流四个方面提出解决方案。

一、重视教师队伍建设

崔希亮(2010)指出,在汉语国际传播过程中,"教师、教材和教学法问题成为制约该项事业发展的主要问题,而其中的关键是教师问题"。对缅甸而言,教师的问题更为突出,因此必须重视汉语教师队伍的建设。针对缅甸教师现存问题,建议从以下三个方面着手解决。

(一)派遣更多的志愿者赴缅从事教学

缅甸经济落后、教师收入偏低,导致出现教师流动性大、教学积极性不高等问题。因此,建议中外语言交流合作中心和各级侨务部门派遣更多的志愿者到缅甸进行汉语教学。实际上国家相关部门已这样做。以云华师范学院为例,截至2018年侨办外派21人和中外语言交流合作中心外派10人,以及合作高校派出实习生25人到该校进行汉语教学。但对于缅甸这个地处"一带一路"核心地区的国家而言,我们建议每年派遣更多数量的志愿者到缅甸任教,走进当地课堂,与当地教师进行协作汉语教学,同时为提高当地汉语教学水平、扩大汉语教学及中华文化的影响力尽一份力。

(二)重视当地汉语教师的培养与培训

派遣志愿者教师的问题在于"治标不治本"。陆俭明(2019:83)指出,根本办法是实现汉语教师的本土化。因此,一方面要加强师资培训(继续教育),另一方面要加强当地汉语教师的培养(学历教育)。从 2009 年开始,中外语言交流合作中心邀请缅甸汉语教师到中国参加短期本土汉语培训班,提供为期两年的本土汉语教师培训项目奖学金、汉语桥奖学金、HSK 奖学金等。现在缅甸教育部每年会选拔两名教师到中国大陆参加汉语进修班。但名额尚显不足,建议适当增加汉语进修班、汉语教师培训奖学金的名额,以增加缅甸汉语教师到大陆进修的机会,提高其汉语水平、汉语教学水平。另外,如第二节所述,中国中外语言交流合作中心与缅甸孔子课堂合作的培训一般在每年七月份举行,与缅甸大学上课时间冲突,教师很少有机会参加。建议这类培训适当调整时间,以配合当地教师的时间安排,确保当地汉语教师能够参加师资培训。还可扩大参加培训教师的范围,增加培训的频次、时长。培训内容方面,需增加汉语教学方法、语言学及文学等。另一方面,针对汉语教师的学历层次问题,我国高校可适当增加国际汉语教育硕士研究生、博士研究生的名额,以增加缅甸汉语教师深造学习、提高学历的机会。还有,有必要增加像云华师范学院这类的师范院校的数量,以提高当地本土教师的培养速度。此外,在岗教师培训除了"请进来"和"走出去"的培养模式之外,还可采用全新的"双轮模式"[①]。

(三)提高缅甸汉语教学与研究的水平

目前,国内对缅汉语研究仍显不足(如语音教学研究:杨叶华,2003;吴海燕,2011;王德仙,2013;汉语教学法研究:刘琼,2012),且成果在数量上远远跟不上缅甸汉语教学快速发展的需求。为此,应深入细致地展开对缅汉语教学各个层面的探讨,如中缅语言本体对比研究、对缅汉语教学模式研究,以及缅甸汉语学习者的习得与认知研究等。中缅跨文化交流研究也有利于缅甸的汉语教学及汉语在缅甸的推广。当然,最主要的还是要提高缅

---

① 双轮模式,即先将本土教师培养成种子培训师,再由他们培训别的本土教师。

甸大学汉语专业的汉语教学与研究水平。目前,部分官办大学已派出教师赴中国留学进修或攻读学位①。

二、重视专业课程建设

针对缅甸大学汉语教学中现存的课程问题,本书提出以下四个解决方案。

(一)根据培养目标合理设置教学内容

1. 师范类院校

如云华师范学院,此类院校以培养中小学汉语教师为目标。针对这一培养目标,课程体系中应进一步增加教育学、教育心理学、教育管理学、儿童心理学等相关理论知识的教授。

2. 非师范类院校

如仰光外国语大学和曼德勒外国语大学,建议多开设翻译、商务汉语及旅游汉语类课程,以服务中缅经贸往来及"一带一路"倡议。

3. 高等科研院所

设有硕士学位点的教学单位,可根据培养目标开设汉语语言研究(如汉语语音、词汇和语法研究等)、汉缅语言对比研究及论文写作等高级专业课程。

(二)利用现代科技手段开展多种形式的汉语教学

据《缅甸时报》2017 年 10 月 30 日报道,自推行电信改革以来,缅甸国内的互联网用户数量从 2014 年的约 200 万猛增到 2016 年的 3900 多万,在互联网日益发展的缅甸,汉语教学可以充分利用新媒体的作用(张栋等,2019:136)。从笔者调研的情况来看,受制于多媒体教学及网络的普及程度,目前缅甸大学汉语专业还没有使用多媒体教学及网络教学。在网络尚未普及的缅甸,可实施集中式的远程教育,可以把网络课程安排在固定的教室播放,在几个固定时间段开放网络教室,由学生根据自己的时间灵活安排到网络教室上课。还可以开设在线答疑解惑,解答问题的教师不限于缅甸教师。开发适合缅甸学生的汉语慕课和微课,开发互动性高的多媒体网络教学软件和手机应用软件。通过网络可共享免费的中国汉语教学资源、缅甸国内

---

① 目前,仰光外国语大学汉语系已派出多名教师赴北京语言大学进修学习或攻读博士学位。

外的汉语教学资源,还可提供免费的汉语教师培训。这样既可降低教学成本、提高教学效率,又可快速解决缅甸教学资源匮乏的问题,促进缅甸汉语教学手段、方法多样化的快速发展。当然,新型的教学形式还依赖于缅甸经济的进一步发展以及当地教学条件的大幅度改善。

(三)重视书面语教学

缅甸大学汉语学习者第一语言为汉语的学生较多,在听说方面不存在障碍,而要全面提高汉语知识水平,关键在于书面语能力的提高。陆俭明(2019:33)特别强调了书面语教学在汉语教学中的重要性,指出要真想了解、认识中国,就不能不学习书面语。加强汉字及书面语的教学,既可解决学习汉语的难点,也可让学习者接触、学习、了解中华文化;而中华文化也正是学习者的兴趣所在。

因此,应在教学中加大书面语词语教学、书面语句式教学及不同文体的阅读教学。规范书面语教学,提高学习者的文字理解能力、表达能力,增加阅读和写作内容的比重,并通过汉字教学导入中华文化,促进学生对汉语学习的兴趣,增强汉语学习者对中华文化的理解和认同。

(四)建立反馈机制

缅甸大学目前没有建立评教体系,缺乏学生对课程设置、教学效果等进行评价的机制,因此无法对汉语教学进行量化评价、意见反馈。教师无法通过学生的反馈和评价调整教学进度、改进教学方法。不管是通过纸质问卷还是网络问卷,都可以让学生在期中或期末对任课老师的授课情况进行评价。还可以通过交流会的形式了解学生对汉语教学的想法,让学生和教师有机会交流彼此对教学的想法。这有利于改善教学方法、提高教学质量。

三、重视普适性教材的编写

目前,缅甸大学所用的汉语教材较为陈旧且并非针对缅甸地区或者东南亚地区编写。虽然曼德勒福庆孔子课堂结合当地实际情况编写了《汉缅会话教材》(马艳,2015),但这套教材并没有在其他孔子课堂使用,也没有在大学里使用。就目前缅甸的汉语发展水平和师资状况来看,由缅甸国内的一线汉语教师独立编写一部本土化汉语教材是不太现实的(张栋等,2019)。

陆俭明(2019:37)提出,汉语教材编写还存在两大根本性的问题:第一个问题是如何将中国文化浸润、融合在教材之中;第二个问题是没能编写出具有普适性的汉语教材。使用普适性教材有助于形成汉语教学系统,只有在普适性汉语教材的基础上,才能真正编写出高质量、有针对性、实用的国别化教材。缅甸的汉语教学条件、体系较其他东南亚国家相对落后,短时间内实现教材本土化较为困难,在这一现状之下,使用我国国内学者编写的普适性汉语教材会比使用本土教材更为现实。如能在缅甸使用、推广普适性汉语教材,同时结合本土化教学过程开展教学,便可实现缅甸汉语的教学本土化。这样既可解决地区之间、国家之间教材体系发展不平衡的问题,也可以在较短时间内提高教材质量、实现汉语教学本土化。

如果可以编写符合缅甸本土教学的教材,则需要国内学者与缅甸学者合作,结合缅甸的国情、文化,编写贴近缅甸人思维习惯及兴趣点、符合其学习水平的教材。多添加能反映中缅文化差异的内容,以吸引学生的注意,提高学生学习的主动性。本土化教材可根据具体专业及使用对象进行编写。若教材面向母语为缅甸语的学生,需把握缅甸学生学习汉语的难点,加大发音、汉字等方面内容的解释、练习,讲解中缅语言差异。若教材面向母语为汉语的缅甸学生,可加大书写、阅读方面的练习。本调查结果显示学生希望加大对中国文化的学习,因此在教材方面可增加中国文化的相关内容。

梁宇(2017)指出海外汉语教材发展离不开政策引领、需求导向、资金保障、机构落实这四个条件的相互作用。教材发展需要中外政府部门的政策引导和扶持。第一,汉语合法化是汉语教学、教材发展的前提。在缅甸汉语教学尚未纳入国民教育系统的情况下,编写缅甸汉语教材有一定难度。第二,市场需求是汉语教材发展的根本动力。缅甸汉语教学以华文教育为主,很多大学虽然设置了汉语课程,但开设汉语系的大学不多,只有上述两所外国语大学和一些华校。龙威(2019)指出缅甸对汉语学习的需求不断上升,而华校和汉语补习班数量上占比较少,特别是高等院校汉语专业招生名额少,二者形成的矛盾已经引起华人社会和缅甸教育界的多方关注。因此,可依托华校、华人的力量促进缅甸汉语教材的发展。从教育结构和教育产业角度来看,缅甸的汉语教学呈现出越来越清晰的市场潜力。因此,缅甸的汉语教材是具备一定的市场需求和潜力的。第三,资金是教材发展不可或缺的重要条件。教材项目资金主要来自当地政府财政支持、中方支持、机构经费筹措(包括教育机构收取学费)、市场运作(购买力)(梁宇,2017)。在这四种来源中,中方支持与机构经费筹措相对其他两项较易实现,可尽快出版面向缅甸或东南亚地区的教材,还可让当地老师参与编写。缅甸大学汉语教学中业余学习班的规模较本科大,因此大学的学习班也可以成为教材项目的资金来源。机构落实方面,缅甸汉语教材项目的落实机构可以是中国机构、中外语言交流合作中心、国际汉语教材出版社等,也可以是当地汉语中心、孔子课堂等机构。在缅甸,华校最有影响力,因此需要华校带动缅甸汉语教材的改革。

四、加强中缅教学合作交流

随着中缅经济往来的增加,"一带一路"倡议的执行更是加快了中缅贸易合作,随着缅甸"一带一路实施委员会"的成立,两国之间各方面的交流增加,缅甸政府和人民也越来越了解汉语在经济活动中的重要作用。汉语在缅甸的传播呈现逐渐扩大之势,中缅两国在汉语教学方面的合作交流逐步增进,这对于大学汉语教学的发展也发挥着重要作用。

笔者认为加强与缅甸的交流合作,有以下三种方式。

(一)与华人群体、华文学校联合办学

曾小燕等(2020)指出东南亚汉语传播途径多样,主要有移民传播、学校教育传播、报刊典籍传播、佛教传播、汉语培训机构传播等多种途径。据云南侨办统计,缅甸现有华人 250 万人左右。缅甸的汉语传播一直依靠民间华人华侨力量,而缅甸政府在汉语教学方面的主要贡献则是在仰光外国语大学与曼德勒外国语大学开设了汉语专业。夏玉清和孔慧(2015)指出众多的华人是缅甸汉语教育发展的社会基础,华文学校是中国与缅甸推广汉语教育不可或缺的合作者。因此,在缅甸推进汉语教学,需与华人华侨进行合作,联合办学,加速缅甸的汉语教学发展。郭熙(2015)也指出,中国应在海外设立可供华侨子女接受母语教育的学校。华人华侨可推动政府与民间合作办学,进一步争取中缅两国政府的支持,从中国政府方面获得师资和学术方面的资源,同时加强与缅甸政府沟通,促进汉语教育合法化,打造"民间引领—政府参与"的新型传播模式(张栋等,2019)。

此外,还可通过华文报刊加强对汉语的宣传,增强汉语影响力,扩大汉语教学的需求。1998 年 11 月,仰光出版了华文周报《缅甸华报》,又于 2007

年 10 月 1 日,以"金凤凰"的名称创刊出版。这样的华文报刊是很好的传播汉语、开展汉语教学的平台,是促进中缅文化交流的平台和途径。还可呼吁华校创办校刊,华校校刊兼具着社会媒体和华文教育等多重功能。以新加坡华校校刊为例,新加坡华校校刊是从校园的内部刊物走向社会公开发行的综合性传媒刊物,对汉语传播、教学发挥了积极作用。校刊不仅能成为沟通协调学校和家庭以及社会之间关系的桥梁与纽带,还能不断加强对学校师生的汉语教育,增强学生的汉语言能力,对汉语教学起到了积极的作用(曾小燕等,2020)。

总之,与华人群体、华人华侨进行充分的交流合作,积极发挥华人群体、华人华侨、华人媒体在汉语教学中的作用,可大大推动中缅两国的交流合作,推动汉语教学的长足发展。

(二)加强中国大学与缅甸大学的交流

加强中缅两国汉语教学与研究方面的学术交流,如学术互访、会议研讨等;开展大学间多种形式的合作办学,如短期留学、"2+2""3+1"交换留学、假期留学等;增加来华留学人员名额,建立并完善学分互认制度,完善留学及奖学金制度等。

(三)在缅甸的大学设立孔子学院

目前在缅甸还没有孔子学院,只有三所孔子课堂。可通过政府层面或华人团体的力量推动促进国内大学与缅甸大学合作开设孔子学院。孔子学院设立在大学内部,其丰富的汉语课程设置、文化影响,有利于缅甸大学汉语教学水平的提高及汉语教学在缅甸高等教育中的推广,而且孔子学院的设立可对缅甸的中小学汉语教学、民间汉语推广起到间接的促进作用。孔子学院立足大学,可影响未来的汉语教师群体,还可辐射大学所在地区、城市。此外,还可依托孔子学院,提高缅甸汉语研究水平,展开成系统的师资培训。

第七节 启示与总结

近年来,中国综合国力的明显提升,汉语国际化的大力推广,"一带一路"、中缅经济走廊的全面建设,大大加速了缅甸汉语教学的发展,但同时仍存在着一些问题,需要总结与改进。缅甸汉语教学对我国汉语国际化有以下几点启示。

第一,教师培训需系统化。建设高水平汉语教师团队需加快教师培训系统化的进程。培训前进行教学水平测评,科学、合理地安排实训内容,系统学习理论知识,设置教学演练及实践环节,培训结束后做好总结评价。保证培训的时间、频次。还需结合当地情况,充分利用教学资源,合理安排教师培训课程,培养本土化的汉语教师。

第二,教材设计需普适化。为了解决不同国家汉语教材体系发展不平衡的现状,尤其有的国家地区不能在短时间内实现教材本土化,建议编写普适性汉语教材,在教材中多融合中国文化内容。各地教师可使用普适性汉语教材,结合本土现状进行本土化教学。

第三,课程设置需专业化。"一带一路"的建设促进了中国和"一带一路"共建国家各个领域的交流合作,需要大量"汉语+X"的复合型人才。例如,中缅经济走廊的建设,需要使用财经领域的语言进行沟通、交流,因此商务汉语专业的设立和教学迫在眉睫。培养"汉语+商务"的复合型人才,抓好商务汉语教学,可更好地为经济建设服务。因此,可在专业及课程设置上更为细化,培养高端复合型人才,如加入商务类课程,既可对学生未来就业产生积极影响,也可为经济建设培养人才。根据学校的培养目标及国家人才需求,开设汉语与经济金融、汉语与科技、汉语与文化传播、汉语与观光旅游等跨学科交叉课程,有意识地加强复合型人才的培养,以及翻译人才的培养。

第四,教学形式需多样化。在网络较发达的国家,可使用传统课堂教学和网络教学相结合的方式,以学生主导和教师主导相结合的方法,利用现代科技手段,开展网络教学,开发各种慕课、微课、多媒体网络软件、手机软件等。另外,高校汉语课除了面向校内大学生,还可以面向社会开设。开设继续教育、周末班、短期汉语培训课程等。高校还可以联合校外汉语中心开设各类面向非校内学生的汉语课程,根据社会需求,开设多元化课程如旅游汉语、HSK考试辅导等。

第五,交流合作需国家化。汉语国际教育需要国家层面的管理与交流,汉语教学的高效健康发展离不开自上而下的推动,离不开符合当地实际的顶层设计。顶层设计人员的来源要具有广泛性和代表性,要特别重视来自第一线的专门人才和汉语教学领域的专家,用系统论的方法论指导实践,广泛征求意见,反复求证完善,使之既有前瞻性,又有可操作性。汉语教学需以人类社会发展与国家利益为使命,制订人才发展计划、教学目标、课程设置、教学活动。对于经济较为落后的国家、地区,可加大对其汉语教学的资助。从国家层面推进汉语教学的发展。

　　缅甸在所有"一带一路"共建国家中具有不可替代的重要战略地位,而缅甸汉语教学在中缅关系中又具有的重要地位。因此,对前人少有涉及的缅甸大学汉语教学展开深入研究是非常有意义的。由于条件所限,本次调研所搜集的问卷样本量仍嫌不足,问卷设计也有不少需要改进的地方,期待今后能对这一领域展开进一步的研究。

参考文献

曹美爱(MYAT MYAT OO),2017.缅甸学生的汉语量词习得与教学研究[D].北京:中央民族大学.

陈丙先,冯帅,2017.缅甸华校的发展现状、问题与对策研究[J].八桂侨刊(2):57-64.

陈仙卿,2014.缅甸华人与华文教学发展状况[J].红河学院学报(6):106-110.

崔希亮,2010.汉语国际教育"三教"问题的核心与基础[J].世界汉语教学,24(1):73-81.

范宏伟,2006.缅甸华文教育的现状与前景[J].东南亚研究(6):71-75,28.

郭熙,2015.关于新形势下华侨母语教育问题的一些思考[J].语言文字应用(2):2-9.

黄金英,2011.缅甸汉语教学情况调查及汉语教材本土化思考[J].汉语国际传播研究(1):69-76.

李春风,莫海文,2016.缅甸百年中小学华文教育发展及特点分析[J].八桂侨刊(2):53-58.

李佳,2009.缅甸的语言政策和语言教育[J].东南亚南亚研究(2):75-80,94.

李瑞文(KHIN SWE SWE WIN),2012.缅甸教育制度背景下中小学汉语课程大纲编制研究[D].北京:中央民族大学.

李宇明,2003.论母语[J].世界汉语教学(1):48-58,3.

梁宇,2017.东南亚汉语教材发展评估的国别比较研究[J].民族教育研究,8(5):113-121.

林锡星,2003.缅甸华文教育产生的背景与发展态势[J].东南亚研究(3):69-77.

刘琼,2012.基于文化差异的个性化教学法——论缅甸留学生对外汉语课程的教学方法[J].临沧师范高等专科学校学报,22(2):108-111.

刘振平,2017.南亚和东南亚国家汉语教学研究[M].北京:中国社会科学出版社.

龙威(HTIKE LWIN KO),2012.缅甸缅族人汉语学习的问题调查[D].北京:中央民族大学.

龙威(HTIKE LWIN KO),2019.缅甸汉语传播对非华裔缅甸人中国形象认知影响研究[D].北京:中央民族大学.

娄开阳,葛婧,2018.缅甸华文教育的现状、问题及对策[J].世界华文教育(4):14-22.

娄开阳,赵温瑞,2016.缅甸华文师资培训现状与对策[J].世界华文教育(2):15-22.

陆俭明,2019.话说汉语走向世界[M].北京:商务印书馆.

马艳,2015.东南亚汉语教育概述[M].广州:世界图书出版广东有限公司.

粟明月,2019.缅甸外国语大学汉语师资队伍现状调查[J].文教资料(34):120-122.

王德仙,2013.略论缅甸语语音教学——兼与汉语语音比较[J].保山学院学报,32(1):104-108.

王南南,2019.基于任务型教学法的中国节日文化教学设计——以缅甸曼德勒云华师范学院为例[D].长春:吉林外国语大学.

吴海燕,2011.汉缅语音对比与针对缅甸学生的汉语语音教学研究[J].云南师范大学学报(对外汉语教学与研究版),9(3):82-86.

吴应辉,杨叶华,2008.缅甸汉语教学调查报告[J].民族教育研究(3):95-99.

夏玉清,孔慧,2015.缅甸华人社团与缅甸汉语教育:现状、问题与对策[J].东南亚纵横(11):52-57.

谢晨辰,2018.缅甸曼德勒云华师范学院本土华文教师培养现状调查研究[D].昆明:云南大学.

杨叶华,2003.针对缅甸学生编写汉语语音教材的思考[J].云南师范大学学报(1):54-56.

张栋,刘振平,2019."一带一路"背景下缅甸汉语传播现状及策略[J].海外华文教育(3):130-137.

郑通涛,蒋有经,陈荣岚,2014.东南亚汉语教学年度报告之三[J].海外华文教育(3):227-246.

曾小燕,吴应辉,猴世宇,2020.东南亚国家汉语传播途径类型研究[J].中国大学教学(1):84-88.

邹丽冰(WAI WAI THI),2012.缅甸汉语传播研究[D].北京:中央民族大学.

第七章 五国大学汉语教学特点及对我国国际中文教育发展的启示

第一节 五国大学汉语教学特点综述

本书第二至第六章结合面向该国大学汉语教师的问卷调查结果,从师资、课程、教法、教材、教师对中国的态度五大方面具体分析了日本、韩国、蒙古、越南、缅甸五国的大学汉语教学现状。本章通过表格形式将各个国家的数据进行平行对比,以期对这五国大学汉语教学现状的共性特点及个性特点有更直观的认识。由于缅甸国家层面的开放程度原因,未能与其他四国进行同样的问卷调查,而是单独采用了略有不同的调查问卷,因此在本章的横向对比表格中不列入缅甸数据,但会以文字形式进行单独分析。

一、问卷调查结果的横向比较

(一)师资情况特点

5 个国家中,日本的大学汉语教师年龄层次最高,50 岁以上教师人数超过 1/3,之后依次为韩国、越南、蒙古。博士学位教师比例亦是日本最高,韩国次之,越南及蒙古比例较低,年龄与学历成正比,与参加过教师培训的比例成反比,教师越年轻,参加过教师培训的比例就越高。蒙古与越南 40 岁以下的青年教师占多数,青年教师参与教学培训的热情比较高。尤其是在蒙古大学的汉语教师中,中国派出的汉语教师志愿者占比 50%,而汉语教师志愿者基本参加过汉语教师培训,这也是蒙古的教师参加过培训比例超过 95% 的原因。而在希望参加的教师培训内容里,每个国家的汉语教师最希望参加的培训是关于汉语教学方法的。在日本、韩国,由于日本学术圈对汉语教学研究的理论性认可度不高,因此虽然教师学历普遍较高,但是教师在攻读硕士研究生期间研究的专业多为语言学或文学方向等传统学科,欠缺对系统汉语教学方法的学习,教师们希望通过师资培训掌握更多实用的汉语教学方法。关于中华文化知识,获取的途径较多,各类网络媒体均有大量信息,对中华文化的培训需求相对较低。

在缅甸,华文教育作为汉语教学主体历史较长,而大学汉语教学起步较晚,目前仅有仰光外国语大学和曼德勒外国语大学两所大学有汉语专业,教师基本为缅甸人,且本科毕业于缅甸两所外国语大学的汉语系。中国教师极少,汉语系学生只有到了大四第二学期才有中国教师授课。具有博士学位的教师占 9.1%,具有硕士学位的教师占 68.2%,具有学士学位的教师占 22.7%。师范类学院的教师也以缅甸本土教师为主,近年中国侨办和汉办派出的教师人数明显增加,还有国内合作院校派出的教学实习生。整体来看,缅甸的大学汉语教师人数少、年龄小,学历偏低,专业性不够。缅甸的师资培训本身存在方法单一、参加培训教师缺乏积极性的问题,这也有待我国加强对缅甸汉语教师培训的投入。另外,由于缅甸教学设备落后,使用多媒体、网络教学的培训并不适合缅甸的大学。四国师资情况如表 7-1 所示。

表 7-1　四国师资情况

		日　本	韩　国	蒙　古	越　南
年　龄	20～30 岁	1.4%	7.1%	50.0%	20.0%
	31～40 岁	22.7%	47.6%	26.7%	69.1%
	41～50 岁	35.2%	35.7%	20.0%	10.9%
	50 岁以上	33.8%	9.5%	3.3%	0
学　历	博士研究生	75.9%	57.1%	11.1%	18.2%
	硕士研究生	23.0%	35.7%	38.9%	72.7%
	本　科	1.0%	7.0%	50.0%	8.4%
参加过教师培训的比例		61.1%	64.3%	96.7%	87.3%
希望参加的教师培训内容①	汉语知识(语音、词汇、语法)	44.6%	26.2%	30.0%	52.7%
	汉语教学方法	70.3%	85.7%	76.7%	96.4%
	中华文化	29.7%	38.1%	43.3%	56.4%
	其　他	16.8%	4.8%	3.3%	0

---

①　调查问卷中本题为多选题,因此百分比总和不为 100%。

(二)汉语课程特点

在汉语课程设置方面,几个国家均是语言技能类课程设置最多,又以越南的汉语课程最为全面、均衡,更注重实际运用能力。尤其是其他国家开设率低于 50％的翻译、商务汉语类课程,在越南大学的开设率基本达到70％(见表 7-2)。

日本开设汉语专业的大学仅有 28 所,大学的汉语课程主要以二外课程为主,而二外课程基本是初级阶段的综合课,因此日本综合课的开设比例最高。汉语专业课程除了都重视汉语的语言基本功这一共同特点以外,每个学校都有其各自的鲜明特色,或重视古典阅读,或重视课程结合教师研究方向,或专注母语教师的沉浸式教学。部分学校还会开设一些方言类课程。总体来讲重视口语、阅读,轻视写作、翻译。

韩国综合性大学汉语专业课程受到汉学传统的影响,课程框架里中国古典文学、现代文学及中国传统经典古籍、历史相关课程仍占有较大比重。这一鲜明特色保留至今,体现出韩国大学期望从深度和广度两个维度培养学生的专业人文素养。此外,虽然开设课程也注重语言技能的培养,但以培养实用交际能力为目标的课程总体欠缺,尤其是有关现代中国概况、商务性质的汉语课程还存在不足。

蒙古目前仅有大学汉语教师 70 人左右,师资力量不足,须有效拓展汉语教学的广度和深度。汉语专业课程作为主流课程,课时少、种类少,注重对口语和听力能力的培养,对写作、翻译不够重视。商务汉语课程开设量极少。

越南大学的汉语课程也以汉语专业课程为主,语言技能类课程全面且课时多,实践技能类课程如商务汉语、旅游汉语等相关课程均有开设,实用性强。

缅甸两所外国语大学的汉语课程除了有汉语专业本科、硕士研究生的教学以外,还有大专文凭教学以及面向校外人员开设的汉语学习班。师范类大学的课程还包括教育理论、外语教学法类课程。

表 7-2　汉语课程开设率[①]

课程	国别	日　本	韩　国	蒙　古	越　南
已开设课程	综　合	90.7%	69.1%	83.3%	85.5%
	口　语	66.7%	88.1%	73.3%	78.2%
	听　力	44.4%	50.0%	70.0%	74.6%
	写　作	42.6%	45.2%	50.0%	72.7%
	阅　读	51.9%	59.5%	63.3%	72.7%
	翻　译	29.6%	42.9%	46.7%	70.9%
	商务汉语	27.8%	42.9%	3.3%	67.3%
	其　他	14.8%	16.7%	10.0%	23.6%
希望开设的课程	中国文化	59.3%	57.1%	46.7%	40.0%
	中国历史	25.9%	21.4%	23.3%	38.2%
	中国概况	40.7%	33.3%	26.7%	29.1%
	商务汉语	33.3%	28.6%	33.3%	25.5%
	阅　读	14.8%	9.5%	26.7%	23.6%
	翻　译	27.8%	11.9%	23.3%	21.8%
	其　他	13.0%	9.5%	13.3%	14.6%

（三）教材特点

如表 7-3 所示,日本、韩国每年出版大量的汉语教材,大学也多使用本土出版的汉语教材。越南、蒙古、缅甸则以中国出版的汉语教材为主。无论是使用本土教材还是中国教材,大学教师对于教材满意度均比较高。而对教材不满意的理由主要集中在不结合本国实际、教材太老等方面,对教材编排词汇及语法点不满意的占少数。值得思考的是,即便是本土教材选用率很高的日本和韩国,教师对教材不满的原因也多是认为这些教材未结合本国实际。此外,越南本土出版的汉语教材中也都是介绍中国文化,未出现介绍越南社会文化的内容(见表 7-4)。

---

① 表 7-2～表 7-5 对应的调查问卷题均为多选题,因此百分比总和不为 100%。

表 7-3　教材选用情况

教材＼国别		日　本	韩　国	蒙　古	越　南
教材来源	本国教材	83.3%	73.8%	6.7%	20.0%
	中国大陆教材	29.2%	21.4%	93.3%	87.3%
	中国台湾教材	0	0	3.3%	7.3%
	教师或学校自编教材	48.1%	35.7%	26.7%	52.7%
教材满意度	非常满意	6.0%	4.8%	33.3%	1.8%
	基本满意	59.3%	59.5%	56.7%	72.7%
	不太满意	27.8%	33.3%	10.0%	25.5%
	非常不满意	6.9%	2.4%	0	0

表 7-4　对教材不满意的理由

理由＼国别	日　本	韩　国	蒙　古	越　南
词汇量太大	13.3%	20.0%	0%	20.0%
语法太多	6.7%	6.7%	33.3%	12.7%
不结合本国实际	30.7%	33.3%	66.7%	47.3%
教材太老,不符合现实情况	29.3%	33.3%	100%	67.3%
其他	49.3%	26.7%	0	0

(四)教师对中国的态度

教师对中国的态度,在很大程度上决定了他授课的态度。对中国持友好态度的教师一般传递给学生积极正面的中国形象,可以激发学生学习汉语、了解中国文化的兴趣。反之,如教师对中国评价消极,则会降低学生对中国的好感度,使之无法提起学习兴趣。教师心目中的学生学习汉语的动机,可以侧面反映国外大学汉语教师对中国的态度。

整体看来,如表 7-5 所示,教师们都认为利于就业是学生学习汉语的第一动机,促进本国与中国友好位列第二。可以看出这几个国家的汉语教师均对中国态度友善,对中国的经济发展持有肯定态度。出现较大差别的是在取得中国大学文凭及去中国工作、定居的选择。日本、韩国由于具有较高的高等教育水平(含研究生教育)及汉语研究水平,希望取得中国大学文凭的动机不强,而蒙古、越南则由于汉语硕士点、博士点的缺乏,希望取得中国大学文凭的人数较多。越南在找到一份好工作和希望到中国工作、定居这两个选项所占比例均最高,反映出近年来中越两国经贸联系的日益紧密,越南对于中国市场的信心和依赖提升。

表 7-5　教师认为的学生学习汉语的动机

国　别 动　机	日　本	韩　国	蒙　古	越　南
找到一份好工作	83.2%	85.7%	66.7%	98.2%
可以去中国旅游	38.9%	26.2%	23.3%	34.6%
了解中国,促进本国与中国的友好	61.1%	31.0%	36.7%	41.8%
可以取得中国大学的文凭	3.7%	14.3%	50.0%	34.6%
可以去中国工作、定居	12.9%	31.0%	16.7%	32.7%

(五)汉语相关研究情况

研究方面,研究成果的丰硕程度基本与教师学历高低成正比。日本、韩国教师学历最高,各类汉语研究学术机构较多,研究成果也最为丰富。日本五年间发表汉语相关期刊论文 1520 篇,韩国 3 年间发表期刊论文 1666 篇,研究方向广泛,深入细致。越南汉语研究也在持续开展,但尚待进一步突破。目前虽然有多个国际汉语学术组织在越南举办学会,但尚未有越南汉语学者自己的汉语研究学术组织。笔者收集到 2014—2020 年在越南发表的汉语相关期刊论文 229 篇①。整体来看,研究汉语本体的论文最多,汉语教学研究的次之。

蒙古及缅甸的汉语研究则尚未形成气候,未查到汉语相关研究的专业学术期刊,部分大学有自己的学术期刊,国家及大学对汉语教师的科研要求很低。缅甸的大学汉语教师多参加自己学校的研究会,也可自愿参加一年一度的全国研究报告会②。由于网络欠发达,查询蒙古及缅甸的研究论文只

---

①　不完全统计数据。由于其中一本期刊《中国研究》2017、2018 两年的目录未在官网显示,笔者无法获知该期刊这两年发表的论文题目。但就 2015、2016、2019 年的发表情况来看,该期刊多发表中国政治经济相关研究论文,发表汉语研究论文较少,2016 年和 2019 年各仅有 1 篇。因此该缺失数据不会影响对越南汉语研究整体状况的把握。

②　仰光外国语大学汉语教师蔡瑜芳提供信息。

能去国家图书馆手动统计,加之查询缅甸论文题目需经过缅方审批,笔者未统计蒙古及缅甸的研究论文题目。

二、汉语教学的共性特点和个性特点

(一)共性特点

以上五国大学汉语教学的共性特点可概括为以下三点。

(1)语言技能类课程开设较为全面,商务汉语等实践技能类课程较少。

(2)汉语教材不结合本国实际,介绍中国的素材过时,不能体现中国社会的真实现状。

(3)学生以找到好工作为学习汉语的第一动力,教师对中国态度友好。

(二)个性特点

1.日本、韩国

日、韩两国汉语教学特点相似,师资学历高,取得博士学位的教师占半数以上,教师年龄偏高(尤以日本为甚),对新型教学方法缺乏热情,汉语母语教师人数多。二外汉语课程覆盖面广,几乎所有大学都可以选修汉语课。选修汉语课的人数虽多,但持续学习汉语的人数少。汉语专业的课程重视中国古典文学,重视口语、阅读,轻视写作、翻译,实践应用类课程较少。本土汉语教材数量丰富,针对性较强,但多为初级教材,缺乏统一编写大纲。教师多选用本土教材。

2.越 南

40岁以下青年教师占近90%,以取得硕士学位的教师为主体(72.7%),取得博士学位的教师主要集中在几所知名大学,综合来看全国师资学历偏低。汉语课程开设全面,课时多,重视实践应用类课程,开设商务汉语、旅游汉语等实用课程。教师使用全汉语教学比例高。缺乏本土教材,基本选用中国教材及教师自编教材。

3.蒙 古

师资学历低、年龄小,数量少,汉语教学志愿者多,流动性大。大学汉语教学以专业教学为主,课时少,课程种类少。缺乏本土教材,基本选用中国教材或教师自编教学资料。

4. 缅　甸

师资严重不足,教师学历低。课程基本可覆盖语言技能各个方面,缺乏母语教师。教学设备落后,教学方法较为陈旧,缺乏互动与启发。缺乏本土教材,基本选用中国教材及教师自编教材。

第二节　对我国国际中文教育发展的启示

一、提高学生持续学习汉语的动机水平

(一)提升经济发达地区学生对汉语学习的持续兴趣

经济发达地区与经济欠发达地区的大学生学习汉语的内在动力不一样,发达国家学生深度学习汉语的动机普遍低于发展中国家,尤其在是否希望赴中国留学的愿望上存在明显差别。本书研究的日本和韩国属于亚洲的发达国家,虽然汉语教学的规模较大,但二外课程占多数,不少学生是出于对中国、对汉语的好奇心,选择学习汉语,学完一年甚至只是一学期之后就停止了汉语学习。加之日本、韩国的本土教科书大多内容少、难度低,大部分学生学完后仍无法开口说汉语。如何激发日韩大学生产生持续学习汉语的兴趣,是在日本、韩国乃至世界上其他发达国家的大学发展汉语教育的一个共同课题。

发达国家基础设施完善,网络发达,可通过年轻人聚集的社交媒体,展示中华文化的魅力。笔者建议如下。

(1)利用好融媒体时代红利,通过世界主流社交媒体,推出多种视听资源,全方位展示中华文化魅力。中国国际中文教育相关机构如中外语言交流合作中心、中国国际中文教育基金会等可在世界主流社交媒体开通官方账号,宣传在世界各国举办国际中文教育相关活动;认真研究国外受众的欣赏喜好和审美情趣,发布官方的中国文化、汉语学习宣传片。

(2)允许并鼓励部分国际汉语教师、国内文化传播公司开通个人账号,选择该国民众喜闻乐见的中国文化元素,通过图片或视频形式展示中国传统文化及社会的最新动态,在潜移默化中使国外的年轻人了解真正的中国,对中华文化、汉语产生浓厚兴趣。如近几年出现的李子柒,通过发布展现中

国朴实无华的田园生活的视频,在国内外收获大量粉丝,获赞无数,并入选《中国新闻周刊》评出的2019"年度影响力人物"。这些视频并未刻意宣传中华文化,甚至没有外语字幕,仍旧在海外产生了极大的影响力。这种普通中国人讲普通中国故事的方式,外国人反而更乐于接受,因为他们觉得更加真实。

只有通过官方和民间的通力合作、主动作为,不断提升中国在发达国家民众之间的正面印象,减少因政治因素、意识形态差异,以及媒体负面宣传而产生的消极印象,才能使中华文化不但能"走出去",还能激发外国年轻人深入了解中国、学习汉语的动力,最终实现"语言互通""民心相通"。

(二)继续扩大与发展中国家的经贸合作,创造更多汉语人才岗位

有利于增加就业机会,提高就业后工资,是发展中国家大学生学习汉语的第一动力,也是最能激发学生学好、学深汉语的根本动力。以越南为例,越南汉语专业大学生在校的上课时间长,培养实践能力的课程多,中国原版教材的使用率高,学生毕业后汉语口语流利,具有较强的语言使用能力。近年随着中越直接贸易合作的不断深化,越南高校的汉语专业招生人数持续增加,课外汉语培训班数量也明显增多,有许多大学汉语教师利用课余时间开设汉语补习班。

我国要继续推进"一带一路"倡议在共建国家的政策落地,扩大与共建国家的经贸合作,增加对当地多层次汉语人才的需求,并加强在这些国家的商务汉语教学。

二、区别对待不同国家汉语师资培训

发达国家教育资源丰富,教师待遇高,汉语教师人员充足。发展中国家的大学汉语教育发展相对滞后,缺少汉语教师,尤其缺乏母语教师。中外语言交流合作中心在派出汉语教师志愿者时,可在政策上向发展中国家倾斜,向更需要汉语母语教师的国家派遣汉语教师志愿者。同时,定期派出资深汉语教学专家去这些国家的大学进行中长期的教学培训、指导,加快培养优质本土大学汉语教师。每年举办的汉语教师赴华研修班也可有意识地多招收发展中国家的大学汉语教师。

要解决师资问题,仅靠中国派遣汉语教师是治标不治本,最终还得靠多培养本土大学汉语教师。截至2017年,中国共有384所高校设置了国际中文教育本科专业,本科专业布点数量多,招收中国学生(宁继鸣,2018)。近年来国际中文教育硕士点、博士点数量也快速增长：2007 年有 25 所高校试点招收专业硕士研究生，到 2018 年增加到 147 所高校；2018 年开设博士点的有 21 所高校（文秋芳，2019）。中国的国际中文教育硕士点、博士点也应多招收发展中国家学生，并为其提供一定的奖学金，培养更多知中、亲中的外国人汉语教师。

三、促进中外教师合作，共同开发国别化教材

（一）本土教材要结合本国国情

日本与韩国的汉语教师中国人较多，因此中日、中韩教师合作编写的本土汉语教材相当丰富较好地融入了本国文化，体现了两国间的文化差异。比如日本东京大学使用的汉语教材《基础汉语 口语演习教材》（驹场中国语教育研究会编，2012）《现代汉语基础 口语演习教材》（驹场中国语教育研究会编，2013）等均为东京大学教师编写，教材中融入了东京大学周边的地名，增强了学生学习的带入感。又如韩国教材《新实用汉语》（姜春华，2013，学古房）根据 12 种不同场景详细列举了简历、求职信、短信、通知等各种应用性汉语的写作方法，同时与相关韩文应用文的格式进行对比，两者的差异，让学习者看了一目了然，更易理解；《酒店汉语》（李钟询，2015，瞳养 Books）将汉语应用场景与韩国本地酒店、景点等关联，并在文化介绍部分增加了韩国传统文化、饮食相关知识的中文学习，让学习者可以学以致用。此外，大部分通识课程选用的汉语教材都会涉及本校相关场所、交通、生活场景等内容。

在蒙古、越南、缅甸这类发展中国家，大学的汉语专业课程基本使用中国教材或者教师复印资料（多为中国教材影印本），鲜有提及本国的社会文化、风土人情，以致无法学以致用，不利于激发学生的学习兴趣。在编写本土教科书时除介绍中国文化以外，还应融入本国文化及风俗习惯，让学生了解两国的文化差异，并学会使用汉语介绍自己国家的文化，激发好奇心和提升学习兴趣。

（二）本土教材要针对本国学生的学习难点，合理安排教学点顺序

中国出版的对外汉语教材主要面向来华留学生，在中国大学汉语学习的时长和语言环境浸染度都与在非目的语国家学习汉语大相径庭，中国出版的教材并不普遍适用于国外的汉语学习者。中国出版的教材无法兼顾不

同国家学生的学习难点、习得顺序。本土教师熟悉本国学生的语法难点和学习习惯,中国教师则可以保证课文语言的正确性、素材的时效性。唯有促进中外教师合作,才能早日共同开发出适合本国学生的个性化教材。

四、开发国际中文教育课程慕课平台,共享线上教学资源

在 2020 年新冠肺炎疫情全球大流行的时局下,人与人面对面的交际方式被大幅改变,在许多国家课堂教学也不得不按下暂停键,"网络教学成为唯一的选择"(崔希亮,2020)。各国铆足马力开发远程办公学习软件,各类学校均开始尝试线上教学。疫情防控期间,中国的各大慕课平台在课程的上架数量和听课人数上都取得了突破性的提升,各类在线课程、在线学术研讨会也如雨后春笋般涌现。"汉语国际教育的网上资源数量少、规模小,可选择性也不大""目前汉语教学资源不能共享的现实是一个很大的问题""汉语教学资源的建设也完全可以遵循共建共享的理念,整合各路人马,集合各种教学资源,为适应不同的教学需求,有针对性地开发新的教学资源,实现资源共建共享,在全球范围内建设汉语教学共同体"(崔希亮,2020)。

在后疫情时代我国相关部门及高校也应继续开发国内外均可使用的国际汉语教学课程的慕课平台,上线名师授课的优质资源,共享线上教学资源,"必须把汉语教学资源汇聚起来,把现代教育技术及装备集中上去,适应5G 和语言智能时代的要求,适应全球汉语教育智能化的要求"(李宇明,2020)。

参考文献

崔希亮,2020.全球突发公共卫生事件背景下的汉语教学[Z].语言资源高精尖创新中心公众号.

李宇明,2020.新冠疫情对汉语国际教育的影响[李宇明等"新冠疫情下的汉语国际教育:挑战与对策"大家谈(上)][J].语言教学与研究(4):1-11.

宁继鸣,2018.汉语国际教育:"事业"与"学科"双重属性的反思[J].语言战略研究,3(6):6-16.

文秋芳,2019.从英语国际教育到汉语国际教育:反思与建议[J].世界汉语教学(3):291-299.

附录一 问卷调查 1

汉语教师调查问卷

各位老师好！我是中国北方工业大学的教师葛婧,我正在做一个关于国外大学汉语教学情况的调查,麻烦您在百忙之中填写一下这个调查问卷。您所填写的一切信息将只供研究所用,不会公开您的任何个人信息。感谢您的配合！

如果您有什么意见与建议,也可以邮件联系我:joanna.512@126.com。

国外大学汉语教育现状研究课题组

您的基本信息：

国籍_____ 性别_____ 是否华裔_____

现在的工作单位_____ 授课科目_____

毕业院校_____ 最终学位_____ 专业_____

留学经历(请注明院校、专业和时间)_____

一、师资基本情况

1.您的年龄是( )。

A.20～30 岁 B.31～40 岁 C.41～50 岁 D.50 岁以上

2.您做汉语教师几年了?( )。

A.0～5 年 B.6～10 年 C.11～15 年 D.15 年以上

3.您是否参加过 HSK 考试?( )。

A.是 B.否

如参加过,请写明您取得的 HSK 等级_____和取得年份_____

4.贵校共有_____位汉语教师?

其中共有_____位本国教师,有_____位中国大陆教师,有_____位中国港台地区教师,有_____位其他国家教师?

5. 贵校的外籍教师(含中国)是(　　　)。

A. 汉语教师志愿者　　　　　　B. 中国公派教师

C. 专职教师　　　　　　　　　D. 兼职教师

二、教学基本情况

1. 贵校的汉语课属于什么类型?(可多选)(　　　)。

A. 汉语专业课程　　　　　　　B. 第二外语

C. 公共外语　　　　　　　　　D. 其他课程的附属教学

2. 贵校的汉语教学班级大概多少人?(可多选)(　　　)。

A. 1~10 人　　　B. 11~20 人　　　C. 21~30 人　　　D. 30 人以上

3. 您一周的授课时间有多长?(　　　)。

A. 2~4 小时　　　B. 5~8 小时　　　C. 9~12 小时　　　D. 13~16 小时

E. 16 小时以上

4. 您上课时使用什么语言作为中介语?(　　　)。

A. 基本全部使用本国语言　　　　B. 基本全部使用汉语

C. 本国语言与汉语各占一半　　　D. 英语

5. 您上课时,教师说话的时间占整个上课时间的比例大约为多少?(　　　)。

A. 90%　　　B. 70%　　　C. 50%　　　D. 20%以下　　　E. 其他

6. 您上课时是否会设定一个场景让学生进行对话?(　　　)。

A. 是　　　　　　B. 否

7. 您上课时是否重视语法的讲解?(　　　)。

A. 是　　　　　　B. 否

8. 您上课时是否会翻译课文或例句?(　　　)。

A. 是　　　　　　B. 否

9. 您上课时是否使用图片、教具或者多媒体辅助教学?(　　　)。

A. 是　　　　　　B. 否

10. 如使用多媒体,使用的频率如何?(　　　)。

A. 偶尔使用　　　　　　　　　B. 平均每 2 次课用一次

C. 平均每 5~10 次课用一次　　　D. 几乎每次课都会使用

11. 您上课时一般使用何种教学方法?

12.您是否使用网络平台教学？（　　）。

A.是　　　　　　　B.否

13.贵校的汉语课具体包含哪些课程？（可多选)(　　)。

A.综合　　　　B.口语　　　　C.听力　　　　D.写作

E.阅读　　　　F.翻译　　　　G.商务汉语

如选项中没有,烦请补充：_____。

14.您觉得还需要开设哪些中文相关课程？（可多选)(　　)。

A.中国文化　　　B.中国历史　　　C.中国概况　　　D.商务汉语

E.阅读　　　　F.翻译

如选项中没有,烦请补充：_____。

15.您使用的汉语教科书是本土教材还是中国教材？（可多选)(　　)。

A.本国教材　　　　　　　B.中国大陆教材

C.中国台湾教材　　　　　　D.教师或学校自编教材

如果使用中国教材请写明教材名称：_____。

16.您对现在使用的汉语教材是否满意？（　　）。

A.非常满意　　　B.基本满意　　　C.不太满意　　　D.很不满意

17.如不满意,主要对哪些方面不满意？（可多选)(　　)。

A.词汇量太大　　　　　　　B.语法太多

C.不结合本国实际　　　　　D.教材太老,不符合现实情况

E.其他

18.您是否参加过汉语教学的相关培训？（　　）。

A 是　　　　　　　B.否

19.您希望参加哪些内容的教师培训？（可多选)(　　)。

A.汉语知识(语音、词汇、语法)　　　B.汉语教学方法

C.中华文化　　　　　　　D.其他

20.您认为学生学习汉语的目的是什么？（可多选)(　　)。

A.找到一份好工作

B.可以去中国旅游

C.了解中国,促进本国与中国的友好关系

D.可以取得中国大学的文凭

E.可以去中国工作、定居

附录二　问卷调查 2

学校名称：＿＿＿＿＿＿＿　　　　　　　　　　问卷编号＿＿＿＿＿＿＿＿

缅甸华文教师状况调查

亲爱的老师：

　　您好！这是一项关于缅甸华文教师现状的调查，请您根据本人的实际情况回答下列问题。您的真实回答将为我们的研究提供帮助，您的信息将是保密的。非常感谢您的支持！

　　请在下列横线"＿＿＿＿＿"处填写或选择相关内容。谢谢您的合作！

国外大学汉语教育现状研究课题组
2017 年 7 月 1 日

　　您的基本信息：

　　性别：＿＿＿＿＿；年龄＿＿＿＿＿；民族＿＿＿＿＿＿；

　　出生地：＿＿＿＿＿＿＿；生长地：＿＿＿＿＿＿

　　1.您的父亲是＿＿＿＿＿＿＿人；您的母亲是＿＿＿＿＿＿＿人；您在家里和父母说＿＿＿＿＿＿＿话。

　　2.您的职业是：①职业教师；②兼职教师；③补习教师；④志愿者教师；⑤其他＿＿＿＿＿。

　　3.您受教育的程度：＿＿＿＿＿＿＿＿＿，所学专业＿＿＿＿＿＿＿＿＿，毕业院校：＿＿＿＿＿＿＿＿＿。

　　4.您已经从事汉语教学多长时间了？＿＿＿＿＿＿＿＿＿。

　　5.您教过的课程有：①＿＿＿＿＿＿；②＿＿＿＿＿＿；③＿＿＿＿＿＿。

　　6.您的教学对象是(可多选)：①小学生；②中学生；③大学生；④孔子学

院/课堂的学生;⑤其他_____。

7.您之前接受过汉语教师培训吗?

①接受过; ②没接受过(跳过问题 09～18,直接回答问题 19～21)。

8.您是什么时候接受的培训?

①读书期间; ②工作以后。

9.您在哪里接受的培训?_____(可多选)

①中国大陆; ②中国台湾; ③缅甸; ④其他地区_____。

10.您一共接受过几次汉语教师培训?

①中国大陆_____次; ②中国台湾_____次; ③缅甸_____次; ④其他地区_____次;

11.您参加的汉语教师培训为期多长时间?_____(可多选)

①1 个星期; ②2～3 个星期; ③1 个月; ④2～3 个月; ⑤半年; ⑥1 年。

12.您接受过哪些方面的培训?_____(可多选)

①知识方面——语音、汉字、词汇、语法、文化、中国概况、写作;

②教学方法——教学设计理论、各种教学法、各种教学技能、教案设计;

③中华才艺——书法、绘画、剪纸、太极拳、舞蹈、歌曲;

④文学方面——散文、诗歌、小说、古代文学、现当代文学等;

⑤其他:_____。

13.您参加的汉语教师培训,用的是什么方法?_____(可多选)

①老师讲授; ②网络培训; ③课堂观摩; ④使用多媒体; ⑤分组讨论; ⑥其他_____。

14.您参加的汉语教师培训,老师是什么样的?_____(可多选)

①中国国内大学教师; ②中国国内中小学教师; ③缅甸本土教师; ④其他_____。

15.您参加的汉语教师培训,主办方是_____,承办方是_____。

16.您参加的培训班用的教材是_____。

17.您觉得接受培训主要的收获是什么?

①_____; ②_____; ③_____。

18.您认为目前缅甸汉语教师培训存在的主要问题是什么?

①_____; ②_____; ③_____。

19.你希望得到哪方面内容的培训? _____(可多选)。

①汉语知识; ②教学方法与技巧; ③中华文化; ④其他_____。

20.你希望的培训形式是什么样的? _____(可多选)。

①专题讲座; ②系统授课; ③教学演练; ④工作坊(小组讨论);
⑤其他_____。

21.您在教学中遇到的亟待解决的问题有哪些?

①_____; ②_____; ③_____。

22.您认为缅甸华文教育最需要的帮助是什么?(可多选,在最需要的
选项前打钩,请写具体一点)

①经费方面:_____。   ②师资方面:_____。

③教学资源方面:_____。   ④其他:_____。